理性地判断，建设性地表达

天太热，诸事不想干。西瓜汽水冰淇淋，树荫空调芭蕉扇，还是老出汗。

插画摘自 @ 老树画画

决策之道

·越重要的人越需要·

正和岛 主编

第4辑

中国财富出版社有限公司

图书在版编目（CIP）数据

决策之道．第4辑 / 正和岛主编．— 北京：中国财富出版社有限公司，2022.8

ISBN 978-7-5047-7753-9

Ⅰ．①决…　Ⅱ．①正…　Ⅲ．①企业管理 — 经济决策　Ⅳ．① F272.15

中国版本图书馆 CIP 数据核字（2022）第 154464 号

策划编辑	郑晓雯	责任编辑	张红燕　郑晓雯	版权编辑	李　洋
责任印制	梁　凡	责任校对	卓闪闪	责任发行	董　倩

出版发行	中国财富出版社有限公司		
社　　址	北京市丰台区南四环西路 188 号 5 区 20 楼	邮政编码	100070
电　　话	010-52227588 转 2098（发行部）		010-52227588 转 321（总编室）
	010-52227566（24 小时读者服务）		010-52227588 转 305（质检部）
网　　址	http://www.cfpress.com.cn	排　　版	北京正和岛信息科技有限公司
经　　销	新华书店	印　　刷	鑫艺佳利（天津）印刷有限公司
书　　号	ISBN 978-7-5047-7753-9 / F・3462		
开　　本	787mm × 1092mm　1/16	版　　次	2022 年 8 月第 1 版
印　　张	7	印　　次	2022 年 8 月第 1 次印刷
字　　数	149 千字	定　　价	198.00 元

决策之道

·越重要的人越需要·

本期客座总编辑 | 汪建国

出品人 | 刘东华
执行委员会 | 黄丽陆　杨云　史船　陈为　林定忠
总编辑 | 陈为

主编 | 曹雨欣
执行主编 | 王夏苇
首席设计 | 李换
编辑 | 田兴宇　刘靖阳

地址 | 北京市海淀区中关村东路1号院清华科技园创新大厦B座9层（100084）
电话 | 010-62539800

正和岛官方微信 | zhenghedao
正和岛APP | 正和岛
正和岛微博 | @正和岛标准
正和岛网站 | www.zhisland.com

本书采用环保纸印刷

与变化为友

汪建国
五星控股集团董事长

我做企业几十年，做编辑还是第一次。恰逢《决策之道》（第4辑）的主题是“以管理的确定性应对环境的高度不确定性”，这和我的经历还算比较契合。

俗话说，春江水暖鸭先知。这几年我感受到，不确定性对企业的影响越来越大。在世界局势复杂、新冠肺炎疫情冲击等背景之下，企业的调整速度一旦跟不上变化的速度，就会遇到很大挑战。

有数据显示，仅仅是2021年，就有几十万家中小企业倒闭。创业路上，九死一生，创办一家企业需要很多年，但倒下却是一瞬间。大家都面临着同样的不确定性，为什么有的能穿越周期？答案可能就在这一辑《决策之道》的主题中。

围绕着主题，本辑《决策之道》从道到术为企业家朋友们选取了多篇视角不同、维度不同的佳作，希望通过他人的经验给处在迷茫中的企业家朋友们带来一点启发。

在道的层面上，田涛先生通过讲述“管理的力量”，让创业者们了解到为什么管理是企业的核心竞争力和最大生产力；黄卫伟教授在新作《管理政策：矛盾、辩证法与实践》中阐述的企业确定性与不确定性的关系，非常值得一看；宫玉振教授通过四渡赤水的案例告诉大家，真正的战略是动态调整的战略；安邦智库创始人陈功先生提出了一个观点，要像防贼一样防着自己，不断追求心态成熟。

在术的层面上，几位优秀的企业家结合经营实际，从管理心得、企业文化等角度给出了他们的答案。方太创始人茅忠群先生将方太文化的四大阶段娓娓道来，详谈了他的“过冬心法”；孙陶然先生、曹岫云先生联合推荐了稻盛和夫所建议的中小企业在危机中的应对之道，现在来看仍极具现实意义；心连心集团董事长刘兴旭先生分享了工业企业的军事化管理模式，以及“为人民服务”

的企业前进指南。此外，刘亚东教授对“卡脖子技术”这一问题的思考与建言，也值得有志于此的企业家朋友参考。的确，文化的力量看不见、摸不着，却是润物细无声，最为强大。

自2021年至今，五星控股旗下有两家企业陆续上市——汇通达聚焦下沉市场，孩子王服务亲子新家庭。新的阶段对企业的规范化治理和可持续性发展都提出了更高要求，那么，如何在不断变化的外部环境下依然与变化为友？在我看来，用确定性去应对不确定性，可能就是答案。这个确定性，我理解很重要的一部分就是管理的确定性。

管理是一个特别宏大的话题，包含了企业经营的方方面面。作为一个创业者，化繁为简可能是一项基本能力；在大的格局下，还是要尽可能往下走、往深走，去追求本质，去寻求真相。鞭子要抽在马身上，而不是马车身上；管理的最终落脚点是人，我在经营中关注三类人，第一是员工，第二是顾客，第三是合作伙伴。

如果说企业的本质是创造效益，创造价值，那么管理的核心就是让下属不断做出承诺，达成目标。我很认同彼得·德鲁克的一个观点：目标不是命令，而是一种职责或承诺。在创业中，我一直坚持的正是用高目标倒逼创新创造。

扫描二维码
加入《决策之道》共读会
一起讨论，分享笔记、收获

我出生在农村，小时候常常看见家人用黄豆做豆芽菜的场景，他们喜欢在上面压一个板子，这样长出来的豆芽菜又粗又壮。其实，人和组织也是一样的，自我提升最有效的方法就是自我加压，强迫自己成长。面对危机和困难，积极的心态最重要，抱怨无济于事，叫苦更没有用。创业者就是要在困难中看到希望，在危机中发现机会。

目录

专题 THEME

管理：战胜不确定性的唯一法宝[①]

田涛　撰稿

华为高级管理顾问

相信“管理的力量”

对企业家而言，他们面临着市场瞬息万变的不确定性。因此，**企业家是天然的风险家。但优秀的企业家绝非赌徒，他们是以内部管理的确定性应对任何外部不确定性的职业管理家。**40年前，30年前，在几个特殊的时间节点，突然间，960多万平方公里的土地上，雨后春笋般地冒出许许多多的生意人。在深圳，在海南，“一颗椰子掉下来能砸到三个老板”，蜂拥蹿进的“淘金者”们、创业者们把他们长久被压抑的渴望寄许于一个时代、一片热土，一些人十几二十年后成为骤起的巨贾豪富，也有少数人在赚到第一桶金后成为企业家。前者更相信命运的力量，后者更信奉管理的力量，比如任正非、王石和张瑞敏。

历史充满了“误判”和“误伤”，但历史的另一面却是不断披沙拣金、吹糠见米的优胜劣汰过程。**中国民营企业的40年，某种意义上是迷信不可知的命运力量与相信管理的力量这两类不同企业文化赛跑与竞争的40年。**一些历经三四十年风吹雨打，并从卑微的起点崛起为一个地区、一个行业乃至于国家层面的大企业、超大企业，曾经是优胜者，近几年却普遍陷于困境，究其根因主要在于“米不再是米，金不再是金”，源于企业规模的急剧扩大和企业管理的滞后，比如企业家在组织兴衰逻辑认知上的欠缺、企业家战略洞察力的偏弱、企业家自身的懈怠，也源于一些企业家的命运观。一位起家于制造业，后来转身做房地产、煤矿和投资的民营企业家，在创业期信奉奋

① 本文根据作者田涛的若干次内部讲座整理稿修改而成。

斗的力量、组织的力量，不到20年就创造了一个“商业帝国”，而财富的暴涨使他产生了强烈的幻觉，认为这一切都得益于多种神秘因素的加持，这些年，他的身边一会儿是僧人，一会儿是道士，一会儿是风水先生，亦佛亦道亦风水，自己却越来越少地出现在办公室，出现在团队中，出现在市场一线。而当行业监管风暴来袭时，企业已是负债累累，他自己也成了被限制高消费的对象。

历史充满了“误判”和“误伤”，但历史的另一面却是不断披沙拣金、吹糠见米的优胜劣汰过程。

必须承认，中国企业今天普遍面临的困境是：管理落后。企业家和商人群体在创业的早中期，更相信个人意志的能量，成功后有些人更偏执地相信个人呼风唤雨的能力，也有不少人在面临危机时，常常寄望于通过某种外在的神秘力量（强有力的社会网络和神佛佑护等）去对抗外部经济政治周期的不确定性，却忽视内部管理。**但任何外力都充满了不可预测性，以不确定性力量应对不确定性风险，无异于缘木求鱼。内部管理的确定性才是战胜外部不确定性冲击的唯一法宝。**

学者汪丁丁说：“每一个中国人，只要他的企业家精神被激活，他的人生就有了悲剧英雄的基调。然而，中国人既生活在当下也生活在传统中，所以，中国人与西方人相比，更容易从英雄角色抽身出来，重返平庸。”企业家是那种终身与不确定性缠斗的高风险角色，无论东西方各国，皆如是。正因此，企业家都必须拥有冒险和探索的英雄气概，而只要是英雄，结局无非是喜剧英雄或悲剧英雄。但与西方企业家相比，**中国的企业家英雄们，不少人在获得短暂的成功与辉煌时，容易陷入角色的迷失：在相当多的企业家眼中，做企业是安身之所，而非使命。非使命故，他们就缺了一种对商业的执念、对管理的执念。**

几年前，我应邀在国内某著名商学院演讲，在问答环节，一位50岁出头的老板讲道：三分管理七分命，任正非的命好，华为也不过是“幸存者偏差”，倒下的企业已不能开口，任由成功者讲述“活下来的奇迹”。而一位留美回国创业的38岁的科技公司管理者反驳道：我既相信个人的力量，也不否认命运的力量，但我更信赖管理的力量，七分管理三分命……

“上帝的掷骰子游戏”？危机管理之企业家精神

当宿命论者认为那些优秀的企业和卓越的企业家不过是“上帝的掷骰子游戏”，是某种侥幸使他们“活出了神话的样子”时，危机，一个接一个的危机却在不断验证着企业成败的理性法则。**危机管理最能凸显企业与企业不同的竞争力，凸显企业家与企业家在意志力、洞察力、感召力、组织力、思想力方面的差别。**

企业家是一种单调的职业，“像一位船长，每天都在重复掌舵”。在日复一日的平凡的管理中，很难区分谁才是卓越的企业家，什么才是真正的企业家精神，但在狂风巨浪呼啸而来时，高下立判。一个平平常常的商人，也许被一场突然袭来的飓风碾碎，向命运投降；而有人却从危机中获得了神话般的勇气，赢得了决定性的胜利，他的天赋基因——冒险和征服的基因便被激活了，在一而再、再而三的风暴碾轧中，他不但自我信念持续加强，自信心持续增长，而且习得、形成了一整套应对危机的价值观和方法论，那么他就实现了从商人向真正企业家的蜕变和转身。**英雄总是在危机中兴盛，危机塑造了企业家英雄。纵观东西方企业管理史，也无不是在危机中逼出来的管理灵感、管理理论与管理工具。**

华为是中国乃至世界范围内的危机管理经典

企业家是那种终身与不确定性缠斗的高风险角色，无论东西方各国，皆如是。

样本，任正非也应该是世界级的危机管理企业家范本之一。

在日复一日的平凡的管理中，很难区分谁才是卓越的企业家，什么才是真正的企业家精神，但在狂风巨浪呼啸而来时，高下立判。

35年前，任正非因生活所迫，创立了华为技术有限公司。我1999年初识任正非时，华为已是中国颇有影响力的通信制造企业，在全球业界也有一定知名度，但我当时最深刻的印象却是，他在与一群人一起交流或与我单独交流时，时常哽咽流泪，某些情形下甚至在大庭广众之下失控痛哭。这可是一位前军人、一个貌似铁打的男人啊！所以，我有时以任正非为例，给一些中青年企业家讲，不要讲什么男儿有泪不轻弹，弹完泪，压力暂时疏解了，再昂首挺胸去应对压力和战胜压力。华为的35年，可以说是一个危机接一个危机的苦难叠加史、血泪史，在世界范围内亦属罕见。我曾对任正非说，这些年的华为就是提着一口气，上上下下咬着牙挺过去了，挨过去了，又上一个台阶。他答：你讲的是对的。

1997年，华为的销售额在“巨大中华”[①]这四大通信巨头中位列第一，华为却遭遇了诸多有形无形的压力。无奈之下，1999年，华为与摩托罗拉公司秘密谈判，打算以近百亿美元的价格出售给对方，最后一刻被摩托罗拉新任董事长否决了。华为在20世纪90年代也曾谋求成为一家上市公司，被以“华为没有科技含量”为由否定。这种种因素逼出了华为的一系列管理创新：大规模的员工普遍持股制、技术与研发创新管理、市场管理创新、激励制度创新、财经管理创新等。严格地讲，华为的全球化也是被内外危机逼出来的。与此同时，任正非也被逼成了独具风格的管理思想家。换言之，**如果没有一个又一个危机的挤压，任正非也完全有可能会是一位平庸的企业家，或者如汪丁丁先生所言，从英雄重返平庸。**

企业家的理念和信念既需要少数人的坚定支

① 编者注：“巨大中华”指巨龙通信、大唐电信、中兴通讯、华为技术四家公司。

持，也需要对多数人感染和争取。我经常对一些企业家讲：你们不能做闭门僧，不能自我神秘化，要时常出现在团队之中，要做演说家、鼓动家，向微软前CEO史蒂夫·鲍尔默和现任CEO萨蒂亚·纳德拉学习，向乔布斯学习，向马斯克学习，向任正非学习。任正非每天工作的一大半时间是在和不同层级、不同部门的管理者、专家、普通员工进行各种正式或非正式座谈交流。2020年除夕夜，他花大半夜时间读完了尤瓦尔·赫拉利的《人类简史》，并写了上千字的读后感，大年初一却出现在华为一个个研发办公室，慰问加班员工，给大家鼓劲打气。那一年的春节，他从初一到初五，每个下午都出现在不同的研发办公室。

企业管理在一定意义上是一种信心预期，尤其是在企业面临重大危机的关头。而企业家则是构建信心的源头，也是信心的发动者和最核心的传播者。

洞察力=学习力：危机管理与企业家之洞察力

东西方那些卓越的企业，无不在其发展的历程中经历了无数的惊涛骇浪，但何以一次次未被打垮，反而变得更强大？因素无疑很多，但企业家的战略洞察力至关重要。

2000年前后，全球IT和通信行业正处于烈火烹油的幻景中，任正非却在内部讲，“泰坦尼克号也是在一片欢呼中出的海”“华为的冬天到来了”，华为开始“在夏天准备过冬的棉袄”。

1996年前后，任正非判断，华为在中国市场正在并将会面临多面夹击，华为必须走出去，拓展国际市场以求存，最终赢得了国际国内两个市场；2008年全球金融危机时期，西方公司纷纷裁员瘦

不要讲什么男儿有泪不轻弹，弹完泪，压力暂时疏解了，再昂首挺胸去应对压力和战胜压力。

身，收缩规模，任正非却认为，这次危机对华为的影响有限，而且是华为的机遇，华为加快了全球市场布局和研发布局，并趁势吸纳西方公司裁掉的一批优质人才；从1999年至2010年前后，任正非越来越清醒地认识到，华为的迅猛发展总有一天会“踩到别人的脚”，会面临美国越来越多的打压，华为必须加大在基础研究上的投入，并成立2012实验室作为应对未来重大危机的“备胎”；2021年春节前夕，任正非预言，现在芯片市场的过热现象是暂时的，一两年后芯片会出现全球性的过剩……

这个以强大的思想能量管理企业的人，几十年来，甚至在创业初期，在多数早晨上班时间将他头脑中的判断与构想倾注到他桌前的纸页上，然后在一次次的演讲、座谈中说出来，并在一次次的修改中把它们变成公司文件或正式讲话稿，之后影响了一代代华为员工的精神世界与行为方式，进而左右和推动着华为的发展方向与发展进程。

伦敦政治经济学院一位经济学教授在2020年5月对我说：这个世界应该有更多的人听到任先生的声音……

有企业家问我：任正非的洞察力是怎么形成的？我答：洞察力=学习力。**任正非自称是一个孤独的人，他把别人杯盏应酬、睡觉的时间用于大量阅读，经常凌晨一两点还在学习，并时常将相关信息随即转发给相关人士或朋友。他的阅读范围极广，历史、哲学、宗教、科技，以及时事新闻等，无所不包。他也是个影视剧迷，尤其是纪录片和热播剧，他会经常从阅读与观剧中得到关于华为管理的某些启发，华为的2012实验室就是从电影《2012》中获得的灵感。**同时，他也会花大量时间与全球业界领袖、智库学者、大学教授、科学家和技术专家、顾问等人士进行海阔天空的非主题交流。他也鼓励和要求华为的高管、科技专家们用“一杯咖啡吸

企业家的理念和信念既需要少数人的坚定支持，也需要对多数人感染和争取。

收宇宙能量”，在“咖啡走廊”与世界上的“最强大脑”碰撞出灵感和思想火花。

优秀企业的战略洞察力从来都不是一个人拍脑袋的结果，而是一簇又一簇群体智慧的结晶。**任正非说：“华为战略不能由少数人来决定，不能由少数人来设计未来，也不因少数人的批判而改变方向；而应该由几千、几万名专家的对撞，来研究未来的方向和走向未来的路径。”**而无论是专家还是高管，他们都必须拥有一种思维品质：学习力。我与华为的不少高管、地区部总裁、研发专家有过交流，他们给我的深刻印象是：普遍读书量惊人，阅读范围广。一位清华大学毕业、5年前入职华为研发部门的博士告诉我，华为更像一所大学，虽然它是一家企业。

优秀企业的战略洞察力从来都不是一个人拍脑袋的结果，而是一簇又一簇群体智慧的结晶。

活下来是企业管理的最高哲学

一家全球行业第一的中国著名企业，它的创始人却如隐士一般鲜为人知。3年前，这位“隐士”企业家介绍我认识了一位企业很著名、个人也很著名的企业家俞敏洪。他们二人都对所在行业有罕见的洞察力和掌控力，都是从零起步，用30年左右，在中国各自创造和引领了一个行业。在那天三个人的聚会中，俞敏洪谈得最多的是如何以创新的方式帮助乡村学校、乡村教师和乡村孩子。这是我和俞先生的一面之交，留下的印象是：感性，理想主义，善于学习，从底层一路打拼成功，灵魂却依然柔软。几年过去了，从各种信息中得知：教培行业全面整顿，新东方业务大崩盘，股价一泻千里。半年前至今，我一直在关注着俞敏洪和新东方，我对俞敏洪的认知更立体了。在企业几乎完全崩溃的危急关头，作为创始人的他不但未崩溃，而且展现出了一种卓越的商业伦理、一种卓越的个人意志力、一种被逼出来的卓越的创新精神，他在危机管理中真正活出了优秀企业家的样子。

东西方许多卓越企业家的故事带给中国企业家群体的启示是：一切困难和风险都有可能被战胜，关键仍在于如何展现企业家精神，如何以团队的力量和智慧化解风险，并充分利用好每一次难得的机遇——丘吉尔说，“危机是上帝赐予的最好礼物”。

帅溃则兵溃，兵溃如山倒。

任正非早在20年前就讲过：华为的最低纲领是活下来，最高纲领还是活下来。在跟踪研究华为的23年中，我见证了华为历史上许多的惊心动魄，也见证了华为如何一步步度过了艰难岁月。任正非说华为的最低与最高纲领都是活下来，其实这不仅仅是他对华为管理的切身体验，也是任何有使命追求的企业和企业家的基础性管理哲学。在全球经济政治周期面临前所未有的不确定性和巨大风险的今天，我结合华为以及西方一些伟大企业的危机管理实践，给迷茫中的企业家们提出几条关于怎样抵抗和应对危机的对策性建议，仅供参考。

总的基调是：最坏的预期，最充分的准备，最坚忍的意志，长期不懈的奋斗。战略与战术原则是：稳住阵脚，收缩战线，夯实基础，等待时机，提速前进。

更具体的应对危机的方略，也可以有另一种表达。深挖洞：在优质市场和优质客户上充分聚焦和深度开发。广积粮：高度重视经营现金流，降低负债率，并多渠道融资。高筑墙：打造强大的技术与产品实力。缓称王：韬光养晦，隐忍潜行，等待时机。

什么叫最坏的预期？我们可以一厢情愿地幻想：一切不确定性背后都是一场庸人自扰，或者上帝会格外偏爱我，风暴席卷世界，这边风景独好。抱有这种心态的人最好不要做企业家。我一再讲，**企业家是职业风险家，优秀企业家从来都是热烈**

的理想主义与冷峻的现实主义的结合体：拥有理想，不抱幻想，从最坏处着眼，向最好处努力。

稳住阵脚，越是在乌云盖顶的危机期，几个月、半年、一年之内，企业可能面临毁灭性打击，企业家越要最大限度地调动自身的多巴胺能量，高密度、高频度地出现在团队中间，充分展现勇气、力量、自信心，并与团队形成强烈的使命与激情共振。反之，帅溃则兵溃，兵溃如山倒。

危机时期是最好的团队建设期，要创造性地开展多元化的物质与精神激励。华为在这方面积累了很多成功案例。比如华为在2002年曾经开展过高中层干部集体降薪活动，有研发人员主动写报告要求降薪，却被任正非打了回去："你没资格降薪，你的工资达不到降薪标准，我们还要给你加薪！"**企业在经营困难或预期经营困难时，裁员与降薪是通行的方式之一，但企业家对此要有系统性思考：首先是究竟要不要裁员，要不要降薪；其次是怎么裁员，怎么降薪；再次是如何做到震荡最小化，又如何通过裁员和降薪活动更有效地激发团队士气，而不是形成恐惧效应；最后是为什么对一些人降薪又对另一些人加薪，为什么在裁员的同时又要招聘新的员工……这些无不体现着管理的辩证法。**一遇危机就一刀切地粗暴裁员和降薪，既对员工未负起责任，也会损害企业的长远竞争力。

收缩战线并非仅仅是危机来临时的应激之举，其实**企业管理的整个过程，就是扩张—收缩—扩张—收缩的动态演进史。**我观察和研究华为，发现几十年来，它每三年形成一个周期：前两年都是在扩张中前进，研发与产品线会在这两年前后冒出不少新项目，在市场上也攻城略地，高歌猛进；但第三年，又进入急剧收敛期，砍掉一些研发项目，压缩一些产品，市场体系从一味"打山头，抢合同"转向既要打仗，又要抓合同质量，追求利润增长和现金

危机时期是最好的团队建设期，要创造性地开展多元化的物质与精神激励。

流增长。一年左右的调整见效后，又进入新一轮扩张期。

企业在外部不确定性因素越来越大和经营环境越来越差时，收缩战线是明智之策，但收缩不代表放弃和不思进取。收缩战线的辩证观是：守住核心产品，砍掉一些当下不能带来业绩、未来预期有限或渺茫的产品，同时布局新的技术创新和产品研发；守住关键市场和关键客户，放弃一些鸡肋市场和鸡肋客户；无论是技术、产品（包括新技术和新产品）还是服务，都要把有限的资源向优质客户和潜在优质客户倾斜。

一遇危机就一刀切地粗暴裁员和降薪，既对员工未负起责任，也会损害企业的长远竞争力。

危机期既需要像狮子一样储备实力，等待时机，在危机过后提速前进；也需要像鹰一样，瞅准危机阶段的某些特殊机会，在局部主动发起进攻和扩张。20多年前，在华为的技术能力、产品能力和资金、人才都处于匮乏状态时，任正非号召员工看一部电影——《南征北战》。20年后，华为的综合实力已今非昔比，但任正非在与管理层座谈时，还不时提起这部老电影：退却是为了更好地进攻，进攻是最好的防御。

人才与变革，技术与产品

夯实基础首先是夯实人才基础。危机时期，企业要收缩战线，砍掉某些产品部门和缩小非作战部门，最大限度地降低运营成本以争取活下来，这自然会涉及裁员甚至规模性裁员。但为了未来更好地活下去，有远见的企业还必须在裁员的同时，抓住机会，引进一些紧缺的优质人才，比如专业性强的技术领军人才、财经管理专家、风控专家等，也包括招聘刚刚大学毕业的新员工，以补充新鲜血液。**新冠肺炎疫情和俄乌冲突发生以来，全球人才市场普遍迎来了从短缺到富余、从超高价格到理性价**

为了未来更好地活下去，有远见的企业还必须在裁员的同时，抓住机会，引进一些紧缺的优质人才。

格的阶段（顶尖人才例外），这对有人才需求的企业无疑是机遇。华为的做法值得借鉴：趁势吸纳市场上过剩人才的同时，不但不借势降低人才价格，相反给予顶尖人才更高的待遇。

其次是夯实组织基础。危机期也是进行组织变革的机遇期。华为的变革经验证明，企业在发展势头良好时，推动各方面的变革最为有利，变革的成本最低。就其实质而言，变革是一种“拆旧庙盖新庙”“换血与输血”的利益关系的重新调整，搞得不好会得不偿失。而企业运营顺利时，也有实力抵御某些组织动荡。但华为的变革实践也同样证明，在企业发展到一定规模，业务增长较好，外部压力和威胁较低时，往往变革动力不足，阻力也比较大。相反，在危机压顶时，组织进入“战时状态”，变革则进入提速期，反对变革的噪声降低，拥护变革的响应度显著提高，变革的速度和成效也有提升。

变革是面向未来的风险工程，人们无论是出于公心还是私心，怀疑甚至抵制变革本属正常，但不进行实验、畏惧失败就不会有变革，没有变革也就没有了未来。比如华为正在进行的合同在代表处审结的体制变革、向谷歌学习并进行自身创新的军团组织变革，都是一种针对大企业病和应对外部危机的积极实验，成败与成效究竟如何，都需要经过三至五年的结果检验：是否提升了组织活力和竞争力？是否激发和促进了个体的主动性和创造性？是否明显改善和提升了部门和企业整体的绩效？归根结底，是否促进了多打粮食？即使出现某些挫败或与变革预期的差距，变革也一定比不变革好。死水一潭、上下板结的企业，结局就是静悄悄地走向衰落，这样的案例在全球大企业中比比皆是。

最后是夯实技术和产品基础。我们必须清醒认识到，中国经济正在告别“萝卜快了不洗泥”的原始积累期，经济衰退也会加速大众理性消费时代的到来。所以，**企业间今天和未来的竞争，是技术创新和产品质量、产品价格的综合竞争。衰退也许会让企业家们变得更理性、更沉实，让各行各业的企业真正回归商业常识，回归管理常识：质量是产品的核心生命力。**

衰退与繁荣的经济周期律，对企业和企业家们来说，既预警着黑暗，也预示着曙光。而对中国企业而言，**即使全球经济跨入衰退期，我们仍应有一种基础预期：14亿人的物质消费与精神消费是每时每刻都会发生的，这是一个长期的、不间断的、庞大的内需市场，但这也是一个越来越趋于理性消费的刚需市场。**更何况国家坚持对外开放的国策不变，贸易开放政策不变，国际市场的刚需消费也是大可期待的。

还有，经济危机也会加剧优胜劣汰的进程，使得一些管理不善、对衰退预期不足和准备不足的企业陷入困境，甚至垮掉，从而降低了市场竞争的烈度，这对那些管理相对优良的企业而言，对市场本身而言，也未尝不是好事。

危机期里，企业（企业家）与企业（企业家）之间的竞争，核心表现在：谁更具乐观精神，谁更具危机意识，谁的团队更具战斗力、凝聚力和忍耐力，谁最先倒下去，谁是最后活下来的那一批企业。

还有更直接和更具体的挑战是：谁在夏天备好了过冬的棉袄。

人们无论是出于公心还是私心，怀疑甚至抵制变革本属正常，但不进行实验、畏惧失败就不会有变革，没有变革也就没有了未来。

现金流：危机管理之“血脉论”

30年前，走出校园进华为仅仅两年多的郭平被任命为财务部经理，30年后，已是“元老”的他回忆道：“我那时每天早上到办公室，就被一拨拨催债的人堵在门口要钱，我打躬作揖，赔笑脸说好话——放心，绝不会欠大家的……久而久之，他们就给我死水一潭、上下板结的企业，结局就是静悄悄地走向衰落。

起了个绰号——‘千年不赖，万年不还’……”

华为西安研究所原所长（退休前任公司党委书记）周代琪讲道：“公司资金在前10多年一直非常紧张，有一天在食堂排队打饭，老板排在我前面，脸色很难看，我问他：‘老板，你病了？’他冒了一句：‘吃了这顿还不知道有没有下一顿，公司账上没钱了。’晚餐时，一进餐厅，我看见老板在和几个人同桌吃饭，喜笑颜开地大声讲话，我问一起排队打饭的人，说是下午催到了一笔货款，账上又有钱了……”

华为历史上大约2/3的年份都是一家“缺血”的公司，它不是上市公司，无法从资本市场募集运营资金；它是一家民营企业，又缺少抵押物，从银行贷款也曾经很困难。任正非近些年经常会感念创业早期那些“救过华为命”的人，而且时间、地点等细节都回忆得清清楚楚。比如在华为刚刚起步做交换机代理生意时期，香港鸿年公司采用“先提货，卖出后再付款”的赊账模式，等于帮华为垫资上亿元，让华为赚到了第一桶金，活了下来，任正非每提及鸿年公司就说“鸿年是华为的恩人”。

在华为历史上最困难的时期，“找米下锅”是最大的困境之一。明天就揭不开锅、后天就揭不开锅，几乎年年月月困扰着任正非。

早期最困难的10多年，为了“找米下锅”，华为经常跟客户谈判，合同价格打7折左右，以换取客户早点付款；也曾经成立催款小组，几十位员工奔赴外地，拜访客户，请求客户按时付款。这中间发生了许多令人唏嘘的故事。**中国的民营企业大多有一串辛酸故事，有一位陕西企业家说：几十年，流了多少汗，洒了多少泪，喝了多少酒，求了多少人，掉进多少个坑，交了多少学费，也才换来了一点成功，但后面的路依然非常艰难……**

2001年前后，华为高层敏锐地洞察到，全球通信行业正在面临泡沫破裂，一场危机会使整个行业步入冬天。管理层及时做出决策，将华为旗下的安圣电气以7.5亿美元的价格卖给了美国艾默生公司，从而既备好了“过冬的棉袄”，也为行业景气回升后的提速前进奠定了资金基础。

> **中国经济正在告别“萝卜快了不洗泥”的原始积累期，经济衰退也会加速大众理性消费时代的到来。**

极度短缺的现金流逼出了华为的制度创新。华为的员工持股制既是任正非的观念产物，也在某种程度上是一种稳定而脆弱的“资本流”：公司只要持续增长，持续赢利，员工就更乐意将通过自己的奋斗赚到的真金白银持续投入公司；反之，当公司连年亏损，股东就会用脚投票。这种制度设计把华为十几万人逼向了“华山一条道”：企业家、各层级管理者和大多数员工（一些暂时不符合配股条件的员工，在符合条件后也有资格成为股东）与华为既是契约约束下的劳动雇佣关系，也是同一条船上的利益共同体和命运共同体，这些人都具有了“资本人+劳动人”的双重价值。其结果是，从华为创立以来，华为在34年的历史上，年年有强劲的业务增长，年年有稳定的利润增长，股东每年都有可观的分红。看华为34年的销售增长曲线和利润增长曲线，与全球500强企业过去34年的增长曲线图相比较，你也许会发出惊叹：这是全球大企业中少见的漂亮的曲线图，也应该是华尔街投资者眼中最理想的增长曲线图之一。这一切的背后，皆归因于管理的力量，归因于任正非对管理规律的敬畏和尊奉，归因于华为持续不断的管理创新。华为的员工持股制应该是其中最为显著的管理创新之一。

华为的现金流长期紧张，也和它的人才战略、研发战略有绝大关系。华为从事的是对资本和人才要素要求很高的高科技行业，它要想吸引和招聘更多的优秀人才，早期就必须给予人才更高的待遇，但它的起步资本金仅有2.1万元。它要想在一个极低的起点起步，在高科技行业拥有立足之地，就必须有激进的技术和产品创新投入。**保现金流是为了活**

下来；以高于全行业水平的薪酬、股权、TUP（虚拟递延分红计划）、奖金等综合价格吸引全球人才加盟华为也是为了活下来；激进的研发投入，尤其是基础研究的投入，是为了能够长期活下来，这是一个动态的辩证关系，但基础保障还是现金流。

多年前，任正非带领郭平等人，去广东一个客家土围子遗址，在封闭而坚固的城堡顶层，任正非指着环型土围子中央的水井说：在被包围时，缺弹药还能熬一阵子，但不能缺粮缺水啊！这就像人的血脉一样，血脉断了，当下就没命了……

2021年，在美国连续3年的多轮严厉制裁之后，华为实现了历史上最好的现金流：净现金流2412亿元，经营现金流597亿元。资产负债率降至57.8%；虽然销售收入与上年相比下降28.9%，但利润增长75.9%，达到1137亿元。更值得关注的是，研发投入1427亿元，占销售收入的22.4%，创历史新高。过去10年，累计研发投入达8450亿元。华为一位高管说：孟尝君养士三千，我们"养士"三万搞基础研究，制裁一来，这些科学家、大专家和研发人才就发挥大作用了……

二元张力与多元悖论："企业三张表"背后的管理哲学

年轻时读莎士比亚的《威尼斯商人》，头脑中烙下了一个城市的名字——威尼斯，也烙下了一个戏剧主角的名字——夏洛克，一个贪婪的、冷酷的、狡诈的高利贷商人。2006年我去威尼斯旅游参观，看到圣马可广场的教堂门柱墙壁上方有一幅巨大的人物群雕，导游告诉我，最上面那位是威尼斯历史上一位著名商人，也是一位"护教者"和教堂赞助人。14—15世纪的威尼斯曾经是意大利乃至欧洲最强大和最繁荣的"海上共和国"，商人在当

衰退与繁荣的经济周期律，对企业和企业家们来说，既预警着黑暗，也预示着曙光。

时拥有很高的地位。而正是这些贪婪的、精明的商人，在无数次成败赢输的经贸活动中，摸索和创造了一系列商业规则和管理工具，其中最重要的创新工具是复式簿记。1494年，一个叫卢卡·帕乔利的人写了一本叫《数学大全》的书，其中有一部分章节系统总结了复式簿记，帕乔利因此成为"会计学之父"。1531年，一位德国商人出版《简明德国簿记》，公布了世界上最早的资产负债表格式。1844—1862年，英国颁布《公司法》，明确了资产负债表的标准格式。1883年，美国出现经济衰退，为了防范企业做假账，美国银行家们在欧洲200多年前创造的复式记账法的基础上，推出了资产负债表、损益表、现金流三张表，企业去银行贷款，必须持有法人代表和财务经理共同签名的三张表。从此之后，三张表逐渐从企业走向国家和其他社团组织，从西方走向整个世界，成为衡量一国经济是否健康、一家企业经营是否健康和可持续的世界通行的统一依据和唯一标尺。著名的会计学教授薛云奎先生对我说：三**张表是西方经济400年来的伟大发明。**

我2009年在新加坡国立大学商学院读EMBA时，陈仁宝教授给我们讲授"企业财务报表分析和诊断"课程，他把三张表的内在机理讲得无比透彻，我在讲义上做了密密麻麻的笔记。茶歇间隙，我向陈老师请教：三张表是管理哲学啊！他说，是的，三张表是一个系统哲学。以下观点是我在跟随陈仁宝教授学习三张表时的感悟摘要（有部分补充和修改）。

二元张力：短期生存与长期主义。紧盯脚下，抓住眼前机遇，获取最大利益是企业和企业家的本能选择，并无不妥。但一夜暴富有可能，夜夜暴富则是一厢情愿的幻觉。企业要想永续发展，就必须在经营形势好时，加大对未来的人才投入、创新投入和管理变革投入。即使在形势变差时，也应坚

企业要想永续发展，就必须在经营形势好时，加大对未来的人才投入、创新投入和管理变革投入。

持一边谋当下生存，一边为未来生存布局。反映在财务报表上，就是利润、现金流与运营管理成本之间的动态平衡：比如利润暴增，而研发投入和员工薪资福利等占比却过低，这样的企业未来堪忧；相反，利润很少甚至为负，但现金流相对充裕，研发投入强劲，员工薪资福利具有业界竞争力，这类企业以初创企业（有良好的自有资本或融资通道的企业）、科技类企业为多，它们也许在破坏性创造的浪潮中垮掉，但它们中间也一定会诞生出一批优秀企业和优秀企业家。

短期生存与长期主义，是企业内部始终存在的紧张对立又内在统一的矛盾，是企业管理的最大辩证哲学。

多元悖论：比如负债率过低，企业貌似发展稳健，**但过度保守型的经营显然背离了企业家是冒险家的本质属性，未来成长预期有限；负债率过高，会将企业置于巨大风险中，寅吃卯粮，卯时即衰落时。这同样违反了企业家精神的另一精髓：企业家不能成为赌徒。卓越的企业家无不是激进的保守主义者，或者无不是谨慎的冒险主义者。**

多元悖论还包括固定资产与流动资产的比例、运营成本与管理成本的比例、成本内部结构之间的比例、研发投入与营销费用的比例、毛利率与净利润之间的关系。还有长期投资与负债结构的关系，比如短债长投背后的风险可控性等。再比如应收账款与应付账款的比例，应收账款并非仅仅反映的是客户应付款或其他负债者的欠款问题，这一栏冷冰冰的简单数字背后的“水很深”，充满了故事，它事实上反映的是企业市场活动和投资活动是否健康、是否可持续、是否具备可改进空间这样生死攸关的大事。**三张表最有趣味的是，每一栏的数字都是表象，每一栏数字的背后都充满了故事和哲理。**而把三张表结合起来看，把三张表的每一栏数字关联和闭环

成功转型为一个活力与秩序相融合的“正规军”大企业，这是华为国际化与全球化成功的管理底气所在。

> **我们在信奉科学管理的同时，也要格外重视非理性管理，即文化管理的力量。**

起来看，把季度三张表、年度三张表、5年或10年的三张表各类数据进行纵向比较（与自身比）和横向比较（与行业代表性企业比较），再挖开来看，既可见企业的兴衰度、兴衰史和一路走来的曲折坎坷，也可见企业家的理想主义或实用主义、战略远见或短视、战略定力或盲打盲动、奉献精神或自私贪婪，还可见团队精神、组织活力以及公司的决策机制健康与否、治理结构合理与否与综合管理能力的强弱等。我一直有个念头：找一家有代表性的中等规模的企业，围绕着这家企业10年的三张表，访谈其背后的不同角色，通过数字呈现管理故事，写一本管理案例书。可惜我的精力有限，能力也不够。

三张表不仅是企业当期管理现实的数字化呈现，也会反过来更好地牵引企业家和管理者建立相对理性的、平衡发展的架构思维。可惜的是，我们不少企业家缺乏这样的认知。当然，不做假账是企业和企业家的底线思维。

推荐企业家们读一本书：黄卫伟主编的《价值为纲》。这本书凝结了任正非和华为高层群体对财经管理的系统思考，严格而论，它是一本透过数字管理企业的商业哲学论著。

管理是与无效经营、低效经营斗争的伟大工具

管理是企业的灵魂，也是企业的本质属性。任何企业和企业家都不具有改变外部环境的力量和能力，唯一可期待的就是以内部管理的确定性应对外部的各种不确定性。华为之所以能够战胜和跨越历史上无数次大小危机，是因为管理的力量；它之所以能够从一个极低的起点崛起成为全球领先的高科技企业，和它持续的管理进步和不断的管理变革有绝对的对应关系。早在1998年，华为创立的第

11个年头，任正非就讲道：“**未来要战胜竞争对手，靠的不是人才，不是资金，不是技术，而是管理，只有管理将它们整合到一起，才能形成力量。**”“我们只能加强管理与服务，在这条不归路上，才有生存的基础。”他在2006年讲道：“华为与竞争对手比什么？比效率，比成本，看谁能多活一口气。”在2015年的讲话中，任正非讲得更为明确：“我们应该有一个严格有序的规则、制度，同时这个规则、制度是进取的。我们是以确定性来应对任何不确定性。”这段话的要点在于：毫不动摇地坚持构建严格有序的制度与规则，但制度与规则必须富于进取性。

有一个时期，管理舆论场流行一种观点，认为管理大于经营是中国企业的普遍问题，也是导致一些优秀企业走向衰退的根因。[①]这种观点是概念上的混淆。**经营与管理不是可以截然分割的关系，而且教科书上关于这二者的定义也是混沌的、莫衷一是的。**有论者认为，经营是对外的、面向市场与客户的，管理则是针对内部的。但事实上，在大多数的管理案例中，讲到企业的“外部经营活动”时，用的词仍是“管理”二字，比如客户管理、营销管理、销售管理、供应链管理等。**经营就其本质而言，是一种企业直接针对市场的，对人、财、物诸元素进行整合与支配的管理行为，是一系列管理动作的连续体。**

管理贯穿于企业的全部行为之中，而无内外之分，只有好坏之别。好的管理多多益善。华为在几十

① 其实恰恰相反。在本文写作过程中，我阅读了100多家代表性民营企业的案例分析文章，涉及制造业、互联网、房地产、金融投资、文化传媒等多个行业，这些企业近几年多数陷入困境，有些企业几乎是一夜之间从兴隆迈入衰退的。抽丝剥茧，你会发现：这些企业皆兴于时运相宜，企业家拥有超出常人的冒险精神，思维敏锐且勤奋，善于抓风口，且在各种复杂的人际网络中长袖善舞，从而使得企业迅猛崛起。但今日之困境，也大多源于发展起来之后的无序管理、低度管理，其共通性表现在：决策体制残缺或形同虚设，企业家的独裁与一言堂，导致决策的随意性；激进扩张和盲目多元化的同时，人才短缺，监管体系滞后；“猴子掰苞谷”式的市场导向，却导致交付困难、产品质量欠佳、合同管理粗疏并隐藏重大风险点、现金流短缺；过度负债与短债长投；“水多了加面与面多了加水”式的规章制度建设模式，使得管理体系缺乏系统性、辩证性、长期性，导致执行困难，并流于形式。**最致命的是，企业家把大半的时间和精力用于外部活动：无休无尽的场面应酬、无休无止的“公关”——包括客户、官员、媒体、投资者等，但却疏于自我管理、对管理者的管理、对人才和员工的管理、对创新的管理、对产品质量的管理，以及对风险的管理。**

年间为什么始终紧盯文化管理、价值观管理不放，是因为它的核心价值观的灵魂是"以客户为中心"，代表着它的管理方向的不变性与永恒性。而它的制度与流程建设也只有唯一的归依：围绕着客户与市场多打粮食。它的令人眼花缭乱的一系列管理变革，其背后也贯通着唯一的主线：一切为了前线，一切为了客户，一切为了多打粮食。脱离了客户这一根本，这样的管理当然会妨害经营，妨害企业的可持续发展。

这几年，我曾几次和任正非交流过看法：管理是与低效经营、无效经营斗争的伟大工具①，管理与经营绝非对立关系。任正非每次的回应是一致的：我赞同这个观点。

事实上，**在华为创业早期，任正非就明确讲过，"规模是优势，规模优势的基础是管理，规模扩张的限制也是管理"，华为要"建立一系列以客户为中心、以生存为底线的管理体系"。可见，对管理与经营的关系，他从来都有很清晰的认知。他甚至说，将来华为公司"什么都不会剩下，就剩下管理"。**

企业和企业家必须建立对科学管理的信仰。任正非说，早期的华为是"蒙估将军"（盲打盲试的拍脑袋管理），也有高管说，早期10年左右，公司没人知道当年究竟赚了多少钱，只是大致晓得赚了还是亏了，"一个连数字都含混不清的企业走向海外市场就只能挨打"②，**小数点右边的数字往往决定企**

① 此观点见《下一个倒下的会不会是华为》（第1版，田涛、吴春波），来自作者之一吴春波的见解。

② 可参阅《新教伦理与资本主义精神》（马克斯·韦伯）中关于数字管理与现代企业的论述。韦伯认为，前资本主义时代的企业制度，"计算或估算也从来没有真正准确过，而纯粹通过推算，或采用传统和惯例的方式"，而传统的"亚洲的国家学说都没有一种类似亚里士多德的系统性和理性概念"。现代资本主义经济的兴起，得益于两个重要的发展因素："家政和经营的分离——这已经彻底支配了现今的经济生活；还有与之紧密关联的合理簿记。"韦伯指出："精确计算是其他一切的基础，它同样是在自由劳动的土壤上才可能出现的。"也可参阅《万历十五年》《中国大历史》（黄仁宇），作者强调指出，对数字的模糊与漠视，是中国传统经济与国家治理体系的一大缺陷，也是社会、商业文明进步的严重阻碍，是大明王朝走向衰亡的决定性技术因素。

对数字管理的轻视，在当今中国的民营企业中仍属普遍现象，企业家关注的重点多在所谓"经营端"，忽视甚至忽略包括财务在内的管理的严谨性、科学性、真实性，不少企业在数据的采集、甄别、清洁、分类、对比等方面（接下页）

业的生死存亡，尤其在研发管理、产品质量管理、财经管理、合同管理、服务管理、物流管理等方面，千万不可随便“四舍五入”。华为早在1995年就开始与西方尤其是美国多家管理咨询公司合作，20多年付出了巨大成本，引入外脑，在企业中进行从研发、供应链、人力资源到财经、市场甚至后勤服务体系的全方位管理变革，使得华为从一个活力与混乱并存的“江湖”、制度与规则缺失的“游击队”成功转型为一个活力与秩序相融合的“正规军”大企业，这是华为国际化与全球化成功的管理底气所在。

构建基于数字化之上的理性管理，代表着华为管理的现代性：注重事实的收集与分析，崇尚规则与流程，强调组织的功能与力量，强调从数字中萃取效率，通过数据来推演趋势与变化……然而，企业管理永无完美，在我们推崇基于事实和数字的理性化管理的同时，绝不能忘掉管理的目的是什么，绝不可走向理性管理的极端化。[1]**理性管理永远无法解决的挑战是：组织中的士气、纪律、领导力、创造力、品德和勇气如何量化？**

因此，在我们信奉科学管理的同时，也要格外重视非理性管理，即文化管理的力量，企业家和管理者要始终拥有一种两极平衡的管理思维和管理品质。**泰勒之前，科学在管理活动中是一种陌生的**

（接上页）都有点“马虎主义”，大多数企业很少从“三张表”的视角审视经营管理活动的方方面面，甚至还有随意调整数字和数字结构的“做假账”问题。

IBM对华为进行的管理咨询，其本质是把华为公司全面带上了可量化、可回溯、可重复、可验证的数字管理轨道，使得华为的管理具备了现代企业的全部特征。任正非说：我们的管理要努力做到，能量化的全部量化，不能量化的也不能乱拍脑袋，比如福利待遇，要尽量走向货币化……

① 可参阅《蓝血十杰》（约翰·伯恩，海南出版社）一书。“蓝血”在西方文化中泛指那些高贵、智慧超人的精英人士，本书中所讲的“蓝血十杰”是第二次世界大战时期美国空军的10位后勤英雄。战后，他们把数字管理引入福特汽车公司，从而将后者从濒临破产带向复苏，从盲目管理带入现代管理，进而开了现代企业科学管理的先河，推动了美国20世纪中期长达20年的惊人的经济增长。但也正是对数字管理的极端信仰，导致福特公司从兴盛走向再度衰退。十杰的最后一位“数字沙皇”从福特谢幕后，该公司在第一时间做了两件事：一是裁减一半财务人员，从14000人减到7000人；二是组织公司的中高层管理者参加研修一门课程——非理性管理。任正非在华为首届“蓝血十杰”表彰会上讲道：不能以一种倾向掩盖另一种倾向，华为的管理始终不能偏离“以客户为中心”的核心价值观。

意识形态，正是泰勒和百年来一批科学管理的开创者，使企业经营活动走出了原始混沌，走向了现代化，大大提升了企业的运营效率，也使得管理逐渐成为一门独立学科。但与此同时，科学管理也呈现出了巨大的弊端，尤其是对人性的忽视将个体变成了"秩序的仆从"，妨害了个体的主动性与创造性，反过来也降低了组织效率，这又直接或间接地催生了当代管理学家、企业家们对人性管理、企业文化建设、企业家精神等，即非理性管理①的探索研究。理性管理与非理性管理的汇流，成为当今东西方优秀企业的共同特征。

管理创新是卓越企业家的使命追求。信奉管理的力量，并以管理的力量驾驭企业，是属于每一位优秀企业家的普遍故事：洞悉和顺应人性的欲望，激发个体对财富、权力、成就感的正当追求，同时以制度和流程约束人的无边欲望、非正当诉求，悖论性地构成了企业一整套丰富多彩的管理生态系统，从而推动了企业的经营扩张与健康成长。**但卓越的企业家有所不同，他们不仅是经典管理理论的尊奉者、经典管理工具的推行者，也是传统管理思想的突破者、变革者，是管理新思想、新工具的创新者与实验家。在中国企业家群体中，后者的代表性人物莫如张瑞敏与任正非。**

张瑞敏不仅是一位卓越的企业改革家，也是一个虔诚的管理学信徒。从他执掌海尔公司开始，近40年，他不仅大量系统学习和借鉴各种前沿管理思想和案例，而且早在20多年前就创新性地提出"休克鱼理论"，这些年又推出"人单合一"管理新

① "非理性管理"研究的代表性人物是德鲁克和詹姆斯·马奇，他们并不否认科学管理、理性管理的价值，德鲁克在他的著作中不止一次对科学管理的泰斗泰勒给予了极高的评价。**德鲁克、马奇等学者对"非理性管理"的研究给科学管理赋予了人性的温暖，赋予了人文主义灵魂：人并非机器链条上的螺丝钉，每个劳动者包括领导者，首先是拥有平等追求个人权利的自由人，是充满了鲜活欲望的价值创造者和价值获取者，管理要以最大的善意去激发个体的主动性和创造精神。**

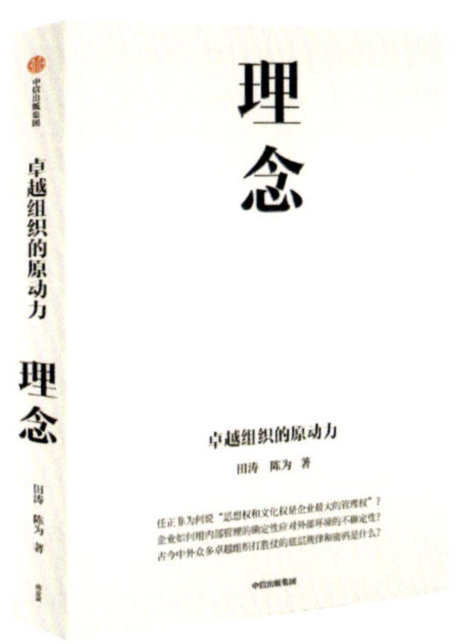

《理念：卓越组织的原动力》
田涛、陈为 著

中信出版集团
2022年8月

工具，这两大管理创新思想不仅推动了海尔集团自身的健康扩张，也被全球管理研究界关注。

任正非创立华为时，一边为生存所困，一边进行着管理实验。他早期在华为实行“工者有其股”“人人做老板，共同打天下”的分配制度既是危机逼出来的，也带有理想主义的乌托邦色彩。但这种平均主义分配观也最终遭到了人性的挑战。碰壁无数后，他在早期的元理论框架上，嵌入了更具现实主义的人性元素，并受热力学第二定律的启发，提出“价值创造—价值评价—价值分配”的创新管理理论，即按贡献和责任结果以及他们在此基础上的奋斗精神进行价值分配，“给火车头加满油”，但也不能过度拉大分配差距。这种既拒绝平均主义又警惕收入过度悬殊的企业创新管理实验引起了欧洲一些经济管理学家的关注，有学者称其为“企业治理的第三条道路”。

华为的轮值董事长制度（从轮值COO到轮值CEO，进化到轮值董事长）、干部轮岗制度、组织变革与创新、激励制度创新等，也是东西方管理学界感兴趣的研究课题。

一个国家在它的经济高成长期，一般会涌现一批世界领先的卓越企业，也通常会发育形成一批创新的管理思想和管理案例，比如英国、法国、日本，尤其是美国。美国企业家、管理学者在19世纪下半叶至整个20世纪，为人类贡献了大约70%的管理理论，哈佛商学院贡献了大约80%的管理案例。经济快速发展推动了管理思想的诞生，管理思想又反过来推助了企业的蓬勃成长，进而推进了经济的繁荣。唯愿中国的企业家群体、经管学者们不负中国40余年的改革开放与经济持续发展。

本文摘编自田涛、陈为新著《理念：卓越组织的原动力》

编辑：曹雨欣

我理解的企业确定性与不确定性

黄卫伟 撰稿

华为高级管理顾问、
中国人民大学商学院教授

黄卫伟，华为首席管理科学家，曾执笔《华为基本法》。深蓄厚养多年后，他再出新作《管理政策》。《决策之道》节选新书部分内容，聚焦探寻企业如何在不确定性中发掘机会，如何在确定性中保持灵活度。

企业兴衰归根结底在于能否适应变化及其带来的不确定性。确定性与不确定性是一对矛盾，你中有我，我中有你。确定性带来效率，不确定性蕴含机会。确定性消除浪费，不确定性产生利润。在确定性中为不确定性留有适当空间有助于增加灵活性和应变能力，从不确定性中分离出确定性有利于缩小不确定性的范围，提高探索成效。

本文的讨论集中在确定性与不确定性这对矛盾的几个关键问题上，比如，创新应当以客户为中心还是以技术为中心，如何在不确定性中探索商业机会，如何管理不确定性以及如何进行公司风险投资。

以客户为中心还是以技术为中心

处在创业阶段的企业，不存在以客户为中心还是以技术为中心的问题，因为生存是第一位的，不以客户为中心就不能生存。但为什么企业规模大了以后，这就成了问题，甚至成了创新者的窘境？说到底是因为把以客户为中心与以技术为中心割裂开了，似乎二者是不相容的，非此即彼，结果使自己陷入两难困境。

解决困境的关键是跳出机械论的思维定式，用对立统一和相互转化的观点看待这一对矛盾。以客户为中心说

以客户为中心说到底是以商业成功为中心，以技术为中心是不要被短期商业利益诱惑。

到底是以商业成功为中心，以技术为中心是不要被短期商业利益诱惑。二者最终目的一致，都是满足客户本质的、潜在的需求，追求更大的商业成功。但现实是严峻的，不少极具创新精神和产生过许多突破性研究成果的企业实验室对社会和产业的发展贡献很大，但没有为公司带来商业成功。掌握先进技术不是企业最终的目的，为客户和企业创造价值才是最终的目的，技术只是手段，商业成功才是目的。

在以客户为中心还是以技术为中心这个问题上，任正非多年来一再向华为的研发管理者和工程师们强调，客户需求导向优先于技术导向。任正非认为："目前在我们国家，很多人认为最重要的是技术。因此，在国内，重技术轻管理，重技术轻客户需求，还是比较普遍的。但主宰世界的是客户需求。我希望大家改变思维方式，要做工程商人，多一些商人味道，不仅仅是工程师。要完成从'以技术为中心'向'以客户为中心'转移的伟大变革。"①

企业从事基础研究是有边界的。基础研究实验室的研究方向要尽量与企业的长远战略在大方向上保持一致。企业是营利组织，不是公益组织，必须履行经济使命，追求商业成功。所以，企业一定是以客户为中心的，说到底就是以商业成功为中心。以技术为中心怎么与以客户为中心结合？这需要企业家精神，创新与创业相结合。人的一生要想有所成就，就必须专注。科学家就是做研究，客户需求和商业成功的事不该由科学家考虑，否则他就是在做开发的工作而不是研究工作了。

基础研究的成果需要企业家来发现它潜在的、巨大的商业价值。像乔布斯、盖茨这样的企业家，有狼一样敏锐的商业嗅觉，一旦捕捉到机会，就会扑上去咬住不放。但像施乐这样的大企业怎么培育企业

① 任正非2010年的讲话：《以客户为中心，加大平台投入，开放合作，实现共赢》。

家精神？怎么让企业家从内部脱颖而出？或者是将有前景的企业家的创业企业收入囊中？这不能不说是大企业管理的一大挑战。用任正非的话来说，企业要宽容“歪瓜裂枣”人才，“裂枣”不是“劣枣”，只是这些怪才的思维方式和行为方式与众不同。

大企业必须在主业之外尝试新创事业，以便在主业成熟后有新的增长点。这需要企业管理层有远见卓识和忧患意识，在确定性之外增加不确定性。

任正非为什么特别强调以客户为中心呢？因为企业有一种偏离以客户为中心的自发倾向。企业，尤其是高技术企业，如果任其自然发展，很容易倒向以技术为中心，很难坚持以客户为中心。

如何在不确定性中探索商业机会

彼得·德鲁克有一句名言：重要的是做正确的事，而不仅是正确地做事。怎么确保做正确的事呢？就是要能够在多种可能的方案中进行选择。尽管受到有限理性和决策时机的限制，决策者不可能搜集到所有的方案和充分的信息，但正如管理决策中的一条经验所言：如果只有一种方案可供选择，那一定不是一个满意的方案。

吉姆·柯林斯和莫滕·T. 汉森在《选择卓越》一书中，将美国安进公司的药品研发模式概括为“先发射子弹，后发射炮弹”。在技术和商业前景不确定时，在可能的方向上先发射子弹，即使打不中，损失的不过是几颗子弹，而一旦击中目标，接着就是集中资源，发射炮弹，一举赢得商业成功。

企业从事基础研究是有边界的。基础研究实验室的研究方向要尽量与企业的长远战略在大方向上保持一致。

其实，这种对不确定的尖端领域采取多路径、多梯次、多场景的研究策略，是华为公司一贯的研究管理方针。任正非就曾多次强调反对用押宝的方式开展未知领域的研究，他说：“既然我们确定了大军滚滚向前的方向，就要把实现目标的多重机会都

企业要宽容“歪瓜裂枣”人才，“裂枣”不是“劣枣”，只是这些怪才的思维方式和行为方式与众不同。

当成对目标进攻的多种方式。”①

詹姆斯·马奇指出：“我们看出，组织面临一个基本的两难困境。利用和探索是一对永久的共生体，为了生存和繁荣，组织哪个都不能缺。然而，利用和探索又彼此干扰。利用破坏探索，利用破坏尝试和变异，而尝试和变异对组织的长期生存来说至关重要。类似地，探索破坏利用。热衷于尝试，组织就会对新想法、技术和战略缺乏耐心，等不到发展出足够胜任力展示它们的整个价值就将它们放弃了。利用和探索往往势不两立，组织一直很难在两者之间保持有效的平衡。”②组织必须有这样的文化、结构和资源配置安排，使利用和探索能够并存，既相互支撑，又相互竞争，优胜劣汰。

管理不确定性

不确定性中包含着确定性，实践中人们往往是将不确定性中包含的确定性也一并当作不确定问题对待了，结果是增加了不确定性。所以，从不确定性中分离确定性，将不确定性逐步转化为确定性，这应当是管理不确定性的一个方向。

（1）应对不确定性先从减少不确定性入手。

企业的什么业务活动具有更大的不确定性？显然是研究与开发活动。正因为如此，研发管理是企业最关键的也是最难的管理。然而研发活动必须得到有效的管理，否则企业的生存就是不确定的。大量实践表明，产品开发的失败，可能是因为未能清晰地定义产品规格，可能是产品上市周期一再推迟，可能是产品质量达不到设计要求，可能是产品被过早地推向市场，等等，说到底，是因为研发过

① 任正非2015年在固网产业趋势及进展汇报会上的讲话。

② 马奇. 马奇论管理：真理、美、正义和学问[M]. 丁丹，译. 北京：东方出版社，2010：96.

程的不确定性未能得到有效的管理。研发管理的核心问题是研发活动的成功是否存在规律，换言之：新产品的开发成功是一种偶然现象，还是存在必然性？是靠天才，依赖于人，还是靠过程，依靠人但不依赖个别人？从华为公司的实践来看，这是华为实现进入全球领先行列目标遇到的最大挑战，这个挑战的实质是如何跨越世界领先企业的管理门槛。

（2）大规模定制——管理范式的转变。

随着消费者人均可支配收入的逐步提高，个性化、服务化需求日益取代了标准化、单一化的产品需求。消费者愿意为体现自身个性差异的定制化产品多付钱，但这也为企业的生产带来极大的不确定性。小批量、定制化的生产是满足消费者个性化需求的客观要求，而如何使这种定制化生产与低成本结合，是对企业的巨大挑战。

大规模定制模式的本质是应对市场需求的不确定性。不确定性中包含着大量的确定性，如果将不确定性适当分解，其中许多分解后的子要素、子模块实际是确定的。因此，不确定性问题在很大程度上是可以通过确定性的方式解决的。人类在过去积累起来的成功生产方式和管理模式是解决现在生产问题的基础，从这个意义上说，科学管理所主张的标准化、模块化、通用性、互换性原则并未过时。

（3）将规范性与灵活性结合。

从管理上看，确定性与不确定性的矛盾，也是规范性与灵活性的矛盾。管理模式的规范性反映了对不确定性的内在规律的认识，它会随着这种认识的深化不断完善；管理模式应用的灵活性是为了抓住不确定性蕴含的机会，建立在规范性基础上的灵活性才能创造更大价值。如果要投入重金开发的产品前景还是不确定的，那即使开发过程再规范、有效

对不确定的尖端领域采取多路径、多梯次、多场景的研究策略，是华为公司一贯的研究管理方针。

研发活动必须得到有效的管理，否则企业的生存就是不确定的。

率也无异于赌博；如果组件的模块化和标准化不是为了灵活地满足个性化的需求，那这种模块化和标准化就失去了意义。所以规范性必须与灵活性结合，二者是对立统一的，都不能脱离对方而单独存在。

企业要想实现可持续成长，就必须花大力气建立管理体系。管理体系的本质作用就是消除内部运作的不确定性，以规则的确定性应对外部环境的不确定性。而要建立管理体系，选择何种管理模式作为体系建设的基础非常关键。华为公司选择IBM等国际知名咨询公司指导自身实施了IPD（集成产品开发）、ISC（集成供应链）、IFS（集成财经服务）、CRM（客户关系管理）、IT S&P（信息技术战略与规划）等变革项目，坚持十几年，建立起了一个科学的管理体系。有了这个基础，就能够不断吸收世界最新的管理实践，丰富自身的管理体系，摆脱对企业家个人的依赖，实现企业的可持续成长。

公司风险投资

为了应对外部环境的不确定性，以及加强外部初创企业创新与公司内部创新的协同，填补公司技术的空白，许多行业的大型公司都采取了公司风险投资（Corporate Venture Capital，以下简称CVC）的策略。据统计，全球百大企业中有 52% 成立了自身的风险投资基金或部门，特别是科技巨头对初创企业的投资更是活跃。

CVC相对于独立风险投资（Venture Capital，以下简称VC），更多参与的是新创企业中后期阶段的募资案件。大企业借由投资新创企业或采取与新创企业合作的模式，取得外部创新来源，或扩展新的产品线，寻求持续成长的动能。而公司风险投资在早期资金市场，也是新创企业茁壮成长的一大支持力量。正是通过这种外部投资，CVC作为一种重要的创业模式在成熟企业中发挥着重要作用。

追求财务回报还是战略利益，这是VC与CVC动机的主要差别，也为如何评价CVC投资回报带来了一定困难。仅从财务回报来看，CVC的平均投资回报要低于VC；从退出机制角度看，CVC持有上市的投资初创企业的股票的期限长于VC。虽然CVC投资的主要动机是战略的，但某些研究人员考察了CVC活动对财务业绩的影响，其结论是战略利益最终必须转化为企业层面的财务成果。此外，CVC项目本身必须产生符合或超过公司最低预期回报率的财务回报，以确保CVC机构的良性生存。

在资产使用灵活、增长潜力大、竞争激烈的行业，CVC的投资可能性更大。在这种情况下，CVC可能有助于为投资公司创造增长选择。由于CVC的实物期权性质，这种投资可以提供有助于后续行动的选择，如结盟或收购。

CVC是华为互补内部创新、了解和布局前沿技术、防范技术风险、应对未来不确定性的重要手段。华为CVC的投资边界为在信息与通信技术领域内开展支撑主航道业务的战略投资，其目的为：构建接触业界创新资源的“触角”，洞察业界创新趋势；布局前沿技术，开展体外创新；控制关键资源，促进战略合作，保证供应安全；围绕主航道构建良性生态系统；提升管道能力，扩大管道流量，促进连接的覆盖与数量。[①]华为高层多次重申：不开展以获取财务回报为目的的产业投资。[②]简单地说，华为公司的CVC投资方针就是：赚大钱，不赚小钱。

编辑：田兴宇

《管理政策：矛盾、辩证法与实践》
黄卫伟 著

中信出版集团
2022年5月

① 来源：华为EMT决议〔2015〕6号。

② 来源：华为财委会纪要〔2012〕46号。

变被动为主动：四渡赤水演绎军史神作

宫玉振 内部讲话

北京大学国家发展研究院
BiMBA商学院副院长
学术委员会副主任

不确定对管理者的三个影响

我们今天所处的环境最大的特点就是不确定。国际格局的动荡，加上政策的调整、技术的演进、市场的竞争、疫情的冲击等因素，导致外部环境的高度不确定。

不确定对管理者会造成很大的影响，大致有三个：

第一，使人焦虑迷茫。人的本性追求确定、追求秩序，希望事事可预期，但环境的不确定恰恰打破了这种需求。因此，人在不确定的环境中会出现焦虑、迷茫，甚至情绪化。

第二，使人急功近利。不确定环境的最大特点就是未来的不确定，因此很多人就不愿意对未来进行投入，往往只关注现实和眼前，甚至会表现出机会主义，导致急功近利和短视。

第三，使人随波逐流。既然环境是不确定的，我做什么都无法改变，就随波逐流好了。这种无力感会使人陷入消极与被动，放弃主动把握和改变命运的努力，听凭环境的裹挟。我们必须承认一个现实——今天所处的环境，其本质就是不确定的，想回到过去那个相对确定的环境已经不可能。

战争环境的特点：不确定性

从战略的角度来说，不确定性带来的一个影响是：过去我们讲战略，往往一旦制定了战略就可以管5年、10年；现在不行，外部环境处于高度易变、不确定、模糊、复杂性中。

打个比方，过去定战略像登山。山就在那里，是静止的，大致方向是知道的，要做的只是规划一条路线，然后率领团队，依靠经验、体力、协作精神等因素走下去。途中可能会走一些弯路，但是山本身是不变的。现在定战略从登山变成了冲浪。浪是一波接一波，动荡、不确定的，战略的地基是动荡的，这对每个人都是最大的挑战，管理者会陷入迷茫或不适。

战争的最大悖论：战争充满着不确定性，但是人的理性总是有限的。

为什么我们今天要从军事看管理，从战争看竞争？尤其在不确定的环境下，为什么我们用战争的案例来思考企业的战略？因为战争的本质就是不确定的。自古以来军人就必须面对不确定性的挑战。中外的军事家早就揭示了这个主题。

2500年前，中国的孙子就提出了“兵形象水”的命题：“兵无常势，水无常形。”战争和水一样，水永远没有固定不变的形态，战争也永远没有固定不变的形态。“无常”，就是动态，就是不确定。

19世纪，《战争论》的作者克劳塞维茨明确提出了不确定性的概念：“战争是充满不确定性的领域。战争中行动所依据的情况有四分之三好像隐藏在云雾里一样，是或多或少不确实的。”

今天大家常谈的“VUCA”这个概念（VUCA是四个英文单词的缩写，分别代表易变性、不确定性、复杂性、模糊性），就是20世纪80年代美军在克劳塞维茨的理论基础上提出的。VUCA后来被引入商业领域，被公认为商业环境最本质的特征。

不确定性带来了战争的最大悖论：战争充满着不确定性，但是人的理性总是有限的。没有人从一开始就能看到结果，没有人对大势的理解能够一步到位，更没有人能一次性看清所有过程和细节。

因此也就造成了战争决策的最大悖论：一方面，在战争史上，完全按照计划来实现的战略只能是例外，而不可能是常态。普法战争的指挥者、普鲁士名将老毛奇曾讲："在遭遇敌人的时候，没有任何计划能够保持一成不变。"

但另一方面，战争又必须有计划，没有计划或者计划漫不经心从来都是战略的大忌。战略的价值就是要解决这个悖论。为什么在战争中一定要有战略？战略就是驾驭不确定性和利用不确定性的艺术。战争中的战略本来就是用来应对和利用不确定性的。

四渡赤水的启示：没有一劳永逸的完美战略

战争的历史很大程度上就是应对不确定性的历史，所以战争的案例与经验可以帮助我们更好地理解：究竟什么才是不确定性环境中的战略？如何制定不确定性环境下的战略？不确定性环境下战略决策的基本逻辑到底是什么？如何通过战略来突破不确定性的困境，变被动为主动？

我们今天推崇四渡赤水，是因为四渡赤水是一个经典的在极度不确定的环境下通过灵活机动的战略决策、变被动为主动的案例。四渡赤水最大的特点是什么？四渡赤水并不是事先设计出来的。一渡的时候没有想到二渡，二渡的时候没有想到三渡，三渡的时候想到了四渡。四渡赤水是根据环境的变化不断调整决策的过程，是在不断的机动中寻找和把握新机会的过程。

其实长征也是如此，也是一个不断改变计划的过程。长征起初并不是要到陕北去，而是计划到湘西与贺龙、萧克的二、六军团会合，在那里建立根据地。但是湘江一战暴露出我们的意图，所以毛泽东在黎平会议明确提出不能再去湘西，要转兵西进，占领遵义，以遵义为核心建立根据地。这就有了

战略的形成过程，是一个试错、开放、学习、探索的过程。

突破乌江。

到遵义之后，发现这里不适合建根据地。刘伯承和聂荣臻于是向中央提出：放弃遵义，北渡长江，到四川会合张国焘和徐向前的四方面军，在川西北建立根据地。这才有了四渡赤水，才有了巧渡金沙江、强渡大渡河、飞夺泸定桥，然后是爬雪山，到了川西北。

在不确定的环境下，弱者反而有可能通过机动灵活的行动、虚虚实实的策略，引导对手去犯错误，让对手陷入混乱。

但红军到川西北之后发现，这里也不适合建根据地。川西北就是今天的阿坝，高原、藏区，根本养活不了这十万人。此时，中央和张国焘围绕下一步是南下还是北上产生了分歧。

毛泽东他们被迫率领一、三军团单独北上，但依然不知道具体要去哪里。一直到甘肃的哈达铺，在报纸上看到了陕北有刘志丹红军的报道，这才下决心到陕北去。

长征并不是一开始就要到陕北去，长征也是一个不断改变计划、调整方案的过程。

这就是真实的在不确定环境下做战略决策的案例。环境是不确定的，人的理性又是有限的，战略不可能是事先完全设计出来的，而是在行动的过程中一步步探索出来的。战略的形成过程，是一个试错、开放、学习、探索的过程。

这对我们在不确定的环境中制定战略，会有什么样的启发呢？在不确定的环境中，好的战略计划必须具备两方面的要素。

一方面，一定要提供清晰的战略意图作为行动的基本框架。就像四渡赤水的战略意图，是要北渡长江。有了这样的战略意图，就可以为组织的行动提供一个大致的范围和总体的方向。

但是另一方面，在行动方案中，还要给种种偶然性和不确定性留出足够的空间。必须适应环境，必须随着情况的变化而不断调整，必须随时准备迎接意外。就像四渡赤水，如何达成北渡长江的战略选择，是因敌、因地、因时而动的。

在这样一种环境中，战略和计划不可能是事先一次性的决策。不要奢望一次就可以制订出一个完美的计划，然后执行到底。

一开始所能明确的，最多是总体的战略意图和大致的战略方向。所能提出的，最多是基本的战略假设和初步的行动计划。总体战略意图要保持不变，但最初的行动计划，在真正执行的过程中，大概率是需要修正的，甚至可能全部放弃。

从认知的角度讲，战略明晰的过程又注定是一个不断试错和探索的过程。这就要求战略计划必须保持弹性、柔性、灵活性。更主要的是，要对未知的机会保持开放性。

就像四渡赤水这样的作战，有时候一丝一毫的威胁就可以让你全军覆没，有时候一丝一毫的机会就可以让你突围而出。要做的就是打开心智，打开每个毛孔去感受环境的变化，在混乱之中去寻找机会，在动态之中去创造机会。

更主要的是，这种打法还可以让对手陷入更大的不确定性之中。战争永远是不确定的，这对战争双方来说都是如此。所以，关键是谁能够尽量减少自己的不确定性，同时增加对手的不确定性。

如果一切都是确定的，双方拼的就是实力、资源，那么弱者就永远没有机会打败强大的对手；但在不确定的环境下，弱者反而有可能通过机动灵活的行动、虚虚实实的策略，引导对手去犯错误，让对手陷入混乱，甚至让对手的体系陷入崩溃，最后取得胜利。

红军北渡金沙江的机会就是通过不断的运动使得国民党手忙脚乱、整个体系出现崩溃获得的。

因此，真正的高手并不排斥不确定性，相反，他会拥抱和驾驭不确定性，把战略和决策变成利用不确定性来创造机会的过程，变成打败对手，或者

当一切都不确定时，唯一可以确定的就是对未来强大的信念，唯一能依靠的就是坚定的使命、愿景、价值观。

拉开与对手距离的最好机会。四渡赤水中，不确定性变成了红军“最好的朋友”。

这是我们在不确定性环境下必须有的一个基本心态。

在不确定的战略环境中，最大的战略能力就是感知、驾驭和利用不确定性的能力，甚至包括给对手制造更大的不确定性的能力。

战略的层次

当然大家可能会问：既然四渡赤水不断调整计划，那制定战略还有什么意义呢？还要战略干什么呢？

其实，虽然四渡赤水不断地在调整计划，但有一条没有变，就是要北渡长江到四川去；虽然长征也是一个不断调整方案的过程，但是有一条没有变，就是寻找新的根据地。

所有战术层面的变化，其实都是围绕着更好地实现相对稳定的战略意图而展开的。这样一来，一方面，战术的不断变化就有了不变的轴线。另一方面，只有在战术层面根据环境不断地调整，才能更好地适应环境的变化，从而更好地实现组织的战略意图。

当然，战略意图也只是相对稳定的，是阶段性的，从长远来说也会根据形势的变化而调整。红军到了陕北以后，西安事变发生，中央的战略意图就转变成了国共合作抗日。

在阶段性战略意图的背后，还有一个更高的不变因素，就是组织的使命与愿景。这就是“变”之中“不变”的因素。

红军四渡赤水，先后变了十多次作战方向，战士们跑得非常辛苦，而且不断改变计划，刚刚要求向左，突然又要求向右，下属也会质疑、郁闷、沮丧。尽管如此，一旦中央做了决定，战士们执行起来从来不打折扣。为什么？

因为这个组织的使命和愿景从来没有动摇过，

每个人都真心相信共产党的政治目标与追求一定会最终实现。

所以说，环境是不确定的，人的理性是有限的，但是当一切都不确定时，唯一可以确定的就是对未来强大的信念，唯一能依靠的就是坚定的使命、愿景、价值观。

四渡赤水中，国民党部队的装备和补给比红军的好很多，但为什么红军在极其艰苦、极其疲劳的情况下依然以惊人的意志完成了作战任务，而国民党部队却怨声载道、士气低落、意志消沉？最根本的区别就是双方的使命、愿景、价值观的不同。

让我们概括一下，不确定环境下的战略有三个层次：根本性的组织使命、阶段性的战略意图、当下的行动选择。

组织的使命是不变的、不能动摇的，战略意图是相对稳定但会阶段性调整的，而当下的行动则要随机应变。变之中有不变，不变之中有变，构成一个完美的体系。我们所有的决策因此就有了根基。

因此，组织的信念和使命越坚定、越清晰越好，但是实现组织战略目标的手段和路线越灵活、越敏捷越好。

毛泽东讲过一句话："前途是光明的，道路是曲折的。"因为只要相信前途的光明，就可以承受眼前道路的曲折；必须走过曲折的道路，才能到达前途光明的未来。

从战争中总结出的这些理论，其实与中国传统《易经》的核心含义完全契合。易有三义：变易、简易、不易。

"易"的第一层含义是变易，对应的是战术行动要不断随机应变；第二层含义是简易，对应的是战略意图要以简驭繁，提炼出最核心、最清晰的东西，大道至简；第三层最核心的含义是不易（不变），对应的是使命、愿景、价值观不能动摇。

在不确定的环境下，积极主动地创造未来，永远比预测未来更为重要。

古老的《易经》已经包含了应对今天不确定环境的基本智慧。智者乐水，中国人骨子里对于变动的环境其实是有亲切感的，原因在于我们的思维体系里天然包含了水一样的智慧内涵。

《铁马秋风集：企业如何向军队学打胜仗》

宫玉振 著

中信出版集团

2021年12月

如何变被动为主动？

在不确定的战略环境中，最大的战略能力就是感知、驾驭和利用不确定性的能力，甚至包括给对手制造更大的不确定性的能力。

这就要求我们把不确定性作为常态，并主动地去塑造未来和创造未来。

在四渡赤水的过程中，红军3万人，国民党40万大军，从常规来说红军没有取胜的机会。红军为什么可以突围而去？红军始终把命运掌握在自己手中，通过智慧和行动来影响和塑造自己的未来。

在不确定的环境下，积极主动地创造未来，永远比预测未来更为重要。

所以，我们要学会与不确定性共舞，并把制定战略变成利用不确定性来创造机会的过程，让不确定性成为我们的朋友。这样，我们就可以变被动为主动，成为不确定环境下最大的受益者。

本文摘录自2022年3月10日北大国家发展研究院EMBA论坛主题演讲，经相关负责人编审、授权

编辑：曹雨欣

推荐语
真正的真理非常简单

孙陶然 推荐

民革中央经济委员会副主任、拉卡拉集团创始人

稻盛和夫先生是我非常尊重的一位日本企业家，不仅是因为他企业做得好而且做好了不止一家企业（当然，企业经营是实践科学，作为企业家首先必须把企业经营好，否则谈不上其他），更因为他非常善于思考和总结，提炼出了一整套企业经营管理思想，不仅给出了企业经营管理之术，例如阿米巴模式等，而且给出了企业管理之道，例如敬天爱人等，这是非常难得的成就。

所谓知其然不难，知其所以然才难，能够知其然且知其所以然，同时形成自己的体系，那绝对是大家了。

我们每个人从一出生什么都不懂，到逐渐懂了一些、懂了更多，懂与不懂之间最重要的分界线在于是否建立起了自己的认知体系。人有四个最重要的认知体系，即世界观、人生观、价值观以及万事万物观。人和动物之间最大的差别就是有没有认知能力，人和人之间最大的差距是有没有建立自己的这四个认知体系。

如果有这四个认知体系，就是觉察清醒的人，对这个世界、对根本的是非、对如何度过这一生甚至对任何事物都能洞悉其本质，知晓其规律，知道如何去面对和处理。

创业者，是要带领一群未知的人去一个未知的地方完成一项未知事业的人，若没有建立起这四大认知体系，是绝无可能成功的。建立自己的认知体系最重要的是思考，通过读书等方式学习别人系统性的思想是思考的基础和捷径。很多时候我们长时间苦苦思考而不得的答案可能是别人书中阐述的常识，只有善于继承前人的思想，才能更好地发展自己的认知体系。

稻盛和夫先生是日本的管理大师，提出了很多独到的管理见解，也许有的读者会觉得像敬天爱人、阿米巴模式等都很简单，这就对了。我历来相信真正的真理都是非常简单的，凡是把事情描述得复杂又复杂的，要么是自己并没有理解通透，要么是存心故弄玄虚以获得利益。

推荐语
“不要口吐弱音”

曹岫云 推荐
稻盛和夫（北京）
管理顾问有限公司董事长

稻盛和夫呼吁中小企业的经营者在危机中不要示弱，不要口吐弱音，是有理由的。

稻盛和夫进入日航，担任会长后仅仅5个月，日航就开始扭亏为盈，接着每个月的利润节节攀升，仅仅一年，日航的利润就高达1884亿日元，这是日航近60年历史中最高利润的两倍，在全世界航空企业中名列第一，而且遥遥领先。后来才知道，这个利润还是全世界具备国际航线的727家航空企业总利润的一半。这个奇迹的原因是近78岁高龄的稻盛和夫先生在短短半年的时间内就基本改变了32000名日航员工的价值观。

我问过日航多位干部。他们说，稻盛和夫来日航并没有做过任何惊天动地的事，他不过是以身作则，并严格要求把企业本来就应该做的事情做好、做彻底而已。

同时，稻盛和夫一进日航就公开宣布，新生日航的经营理念是:追求日航全体员工物质与精神两方面的幸福。稻盛和夫是航空业的外行，已近78岁高龄，退休了13年，平时与日航也没有任何瓜葛，不要一分钱工资，成功了也没有任何报酬，但他拼命工作，表示宁可缩短寿命，也一定要把日航搞好。

看到像自己父亲、爷爷一样年龄的人，为了员工们的幸福如此奋不顾身，日航的员工们感动了。稻盛和夫如此拼命，我们好意思不努力吗？具体的事情都是员工们干的，但稻盛和夫把他们点燃了。

既然稻盛和夫率先垂范，用公正无私的行为，用他的良知，可以激发32000名员工的良知，那么中小企业的经营者为什么不能用自己的良知，用自己的模范行动，唤醒几十名、几百名员工的良知呢？

只要以经营者为首的全体员工团结一心，充分发挥出自己的力量和智慧，有什么困难不能克服呢？有必要口吐弱音吗？有必要示弱、抱怨乃至躺平吗？这就是稻盛和夫呼吁中小企业家不要示弱的真意。

稻盛和夫：中小企业的经营者不能示弱！

稻盛和夫 口述

世界著名实业家

2022年8月24日，日本“经营之圣”稻盛和夫先生与世长辞，享年90岁。稻盛和夫先生的一生堪为商界楷模，他在创办两家世界500强企业的过程中沉淀了诸多智慧，令世人受益匪浅，也得到了大量中国企业家的推崇与敬仰。

2012年，日本众多中小企业处于严峻的经营环境中，找不到提升业绩的突破口，彼时稻盛和夫先生接受了媒体采访，分享了他的亲身实践体悟。《决策之道》特此摘选他的口述文章，希望此文带给读者慰藉与启迪。

不埋怨“经济环境不好”

稻盛和夫：“经济环境不好”这种想法本身，就是造成自己企业停滞的根本原因。经济形势时好时坏，这是常事，再说现在也不是特别糟糕。

进一步讲，对中小企业来说，不管什么时候，经济环境都说不上好。然而，不正是因为经营者与员工一起拼命努力，才在现实的经济环境中保证了企业的稳定吗？可以把企业经营比喻为蹬一辆带着螺旋桨的自行车（飞行）。如果停止了蹬脚，因为地球引力，自行车马上就会掉落地面。社长首先要努力蹬脚。但是因为这台自行车太重，一个人的力量不行，如果有5名或10名员工的话，就需要大家与社长齐心协力，全员一起蹬脚。

一边蹬脚，一边还得思考“怎样做才能效果更好”。这种智慧不是从别人那儿受教得来的，而是在工作中，在寻找各种可能性的过程中，自己发现的。不只是社长一个人思考，员工也一起思考。绞尽脑汁，钻研创新，只要有这种劲头，就一定能够升上高空。

> 绞尽脑汁，钻研创新，只要有这种劲头，就一定能够升上高空。

不过中小企业的问题是，社长满腔热情，发出号召，员工却无动于衷，社长一个人唱独角戏，徒唤奈何。社长要再发脾气的话，员工更是会扭头，不予理会。正需要大家齐心协力的时候，员工却不肯配合。

记者：您自己也有过这样的经验吗？

稻盛和夫：在创业之前，我在一家公司工作时开发了优秀的技术，但因为那家公司内部的派系纠纷，我的技术得不到公正的评价；而公司外的人也不愿采用我的技术，因为比起中小微企业的技术，他们总是优先采用大企业的技术和产品。

当时我创建公司是为了"让稻盛和夫的技术问世"，公司第一年招了20名初中生，第二年又招了11名高中生，理所当然，达到几十人的规模以后，大家对我的各种不满就开始表面化了。刚刚成立的公司，没有食堂，没有任何福利设施，这样的企业能有什么前途？

这时候我开始意识到，"让稻盛和夫的技术问世"这样的动机其实一文不值。如果员工说"进这家公司真好""将来的生活有保障了"，这才是做企业最重要的目的。只要员工高兴了，幸福了，稻盛和夫的技术也就随之问世了。于是，我就揭示了"追求全体员工物质与精神两方面的幸福"这一企业理念。

让员工相信"这是我们的企业"

稻盛和夫：包含关联公司的员工在内，日航剩下来的3万多名员工，刚开始可能会有这样的疑问："这次新来的会长，说要把经营理念升华到实现我们的幸福这一点上。这是真的吗？"而日航的经营，一直以来都是由精英集团执其牛耳的，他们的价值观与我的价值观相反，相差180度。

但是，“日航就是我们的企业！”员工慢慢意识到了这一点，就开始拼命努力。“以往的浪费如此之大，过去的经营如此马虎”，从公司领导到基层员工，大家都猛烈反省。这样一来，不需要等谁下指令，员工就会自发努力，拼命工作，这才实现了日航业绩奇迹般的复苏。

记者：日航有好几个工会，他们各自捍卫自己的既得利益，组织机构僵硬。要让整个企业团结一致，坚如磐石，不是件容易的事吧？

稻盛和夫：（下面这些话由我自己来说虽然不好）我揭示了追求员工幸福的经营理念，与此同时，我从早到晚拼命工作，已经是80岁的老人了，而且我还不拿工资。

在员工眼里，对于稻盛和夫这位老人来说，日航变好了，他也拿不到任何好处。但是，他常常和员工诚恳谈话到很晚，还把干部集合起来讲课，讲述企业经营应该怎么做才对。他这样的姿态，打动了我们日航员工的心。一位祖父年龄的老人，竭力传授一种新的价值观，不厌其烦，奋不顾身。此情此景，才促使日航许多员工不能不做出改变。这并不是我刻意作秀，但结果出现了绝佳的戏剧性的效果。

拼命去做的话，就这么一位老人，居然能够改变几万人的思想意识，所以中小企业的大叔（经营者）要获得二三十名员工的拥护，有什么不可能呢？不思考问题，不下功夫，不去提高员工的士气，你这是怎么回事？讲得难听一点，“你干什么了？什么也没干嘛”。

员工说“进这家公司真好”“将来的生活有保障了”，这才是做企业最重要的目的。

中小企业，必须时时刻刻拼命努力，才能生存，否则就会破产，这是宿命。破产是因为经济不景气吗？不！中小企业的大叔，你不能示弱！哪怕只有一台车床，只要磨炼技术，努力寻找客户，那么，给你下订单的客户一定会出现，要多少有多少。鼓足勇气干吧。如果看不清前路的话，也无妨。为什么现在这一刻，不肯竭尽全力蹬脚呢？

现在就要转变思维，要明确经营企业的目的是员工的幸福。

如何找到新的业务增长模式？

记者：以为自己已经拼命努力了，却无法有效地发挥组织的力量。为此烦恼的经营者不在少数。

稻盛和夫：我认为，这些人烦恼的原因是自私，他们把公司赚的钱全都归于自己，供自己享乐。这是不对的。现在就要转变思维，要明确经营企业的目的是员工的幸福。

“从今天开始，东西虽少，也要与员工分享。”把企业的宗旨改了，同时宣布“经营的情况全部公开，为大家营造一个愉快工作的环境”，这样来凝聚员工的力量。

继承家业的年轻的经营者中，连经营的“经”字都不认得，却摆出一副经营者的派头，这样的人很多。“毕业于名牌大学，在大公司工作游刃有余，但为了老爸，不得已，才回来接班”，抱着这样的想法，工作不可能顺利。

这样的人进入盛和塾，首先，我会把他们狠狠地教训一通。我开办盛和塾，就是想告诉他们“经营不像他们想的那样”。这些人毕业于大学的经济系或经营系，却不懂会计，也不理解盈利和亏损是怎么来的。当然，经营者必须具备的思维方式和哲学思考等，他们更是一窍不通。

解决日本就业问题的，支撑日本经济基础的，就是日本的中小企业，但如果那里的社长只是看样学样，在经营上一味模仿别人，那是不行的。

记者：最近，很多企业面临的问题是，以往的业务模式迅速失却了竞争力。稻盛和夫先生，如果您现在是中小企业的社长，您会如何突破这个瓶颈呢？

稻盛和夫：每个人都有自己擅长的领域。首先考虑，如何把自己的长处作为武器。但如果没有什么特长，只要努力不输于任何人，也能找到出路。假如我来开一家拉面店的话，首先我会去现在的人气拉面店，当1~2年学徒。每天早起晚睡，洗盘子之类的什么事都干，同时拼命观摩并学会主厨大叔的工作。

一个月后，再换一家拉面店继续学习。转了10家店以后，自己就能掌握诀窍，用这种方法，做出这种味道的面条就行。然后租一家便宜的店面，全力以赴做拉面，这就可以了，就这么简单。

我对任何行业的中小企业都有兴趣，要是让我干的话，很快就能赚钱盈利。当然，也有去国外的选择。如果想去国外的话，就要全身心投入，既然要做，就要做彻底。

记者：京瓷也在公司成立后的第10年，在美国设立了据点。

稻盛和夫：京瓷做的不是流行商品，当时精密陶瓷还属于特殊材料，销售对象只限于大型电器厂商，并且量也不大，就是看对方的研发部门愿不愿意使用。

“我们开发的材料具备这样的特性，我想，在贵公司的该项研究中，应该用得上。”我们就这样来拓展销路。因为京瓷是中小微企业，所以日本的大企业不会轻易使用我们的产品。

于是我考虑，如果到美国的话，可能会给我们更公正的评价，因此就去美国推销。开始时也卖不掉，我和会说英语的干部一起，齐心协力，努力开拓客户。碰巧，当时半导体产业开始兴起，趁着这个机会，我们拿到了很多订单。

订单增加以后，我们就收购了圣迭戈的一家工厂，作为自己的生产据点，并从京瓷挑选了五六名技

如果没有什么特长，只要努力不输于任何人，也能找到出路。

术人员，派遣到美国。我两个月去一次美国拜访客户，同时到工厂去看他们，刚开始时，他们真的很辛苦。当时距离日本战败还没过多久，在冲绳战役中打过胜仗的美国员工很多。在手下败将的日本人经营的企业里上班，他们心里本就不痛快，一有争执，有的人脱口而出就骂“你这个日本鬼子”。

为了慰劳辛苦工作的员工，缓和他们的心情，周末的时候，我会邀请大家一起去钓鱼，从圣迭戈的港口出海，经常会钓到梭鱼，拿回去后大家一起做寿司。大家一边叙旧，一边开心地享用。这成了美好的记忆。不过，我待一周左右就必须赶回日本。大家到圣迭戈的机场去送我，有的员工因想念日本而流泪。“你要好好干啊”，我会鼓励他们。

无论是我还是员工，都费尽了心血，付出了非同寻常的努力。在国外，要把事业做成功，没有什么诀窍。如果必须进军海外的话，那就下定决心，勇往直前就好。然后就是拼命努力。

在去国外之前，这个那个，罗列一大堆困难的理由，那没有意义。不要简单地贴上“困难”这一标签，姑且先去看看。不去现场，一味胡思乱想，觉得眼前就是峭壁，无法攀登。但实际上并不是什么峭壁，可能只是糊了一层窗户纸而已。

我年轻时，对下属的技术人员经常这么讲：“能够突破！你们为什么不这么想？用唾沫试试，是窗户纸的话，立马就能开一个洞。不要连试都不试，就认为不行。即便真是岩石，那就思考如何攀登就行了。”首先要试。

《稻盛和夫如是说》
[日] 稻盛和夫 口述
曹岫云、张凯 译

机械工业出版社
2022年6月

摘编自图书《稻盛和夫如是说》收录的
《日经总裁》2012年9月期的文章
编辑：刘靖阳

我从山中来，带着兰花草，种在小园中，希望开花好。
一日望三回，望到花时过；急坏看花人，苞也无一个。
眼见秋天到，移花供在家；明年春风回，祝汝满盆花。
——胡适《希望》1921

插画摘自@老树画画

案例 CASE

唯有文化生生不息
——方太的治企方略

茅忠群 独家口述

方太集团董事长兼总裁

于雷 批注

厚德战略定位研究院院长、
方太与OPPO战略顾问

于雷 批注①:

方太创业初期对品牌和创新的重视非常具有前瞻性。在全球性的竞争和移动互联网日益剧增的信息面前，企业的品牌必须在顾客心智中成为某个品类和特性的首选，即找到独特的战略定位，以此为中心展开持续创新，进而形成品牌和创新的双向增强。没有清晰定位或违背自身品牌定位的企业往往是无法转化并护航创新的。

方太文化26年经历四大阶段

方太从1996年创建直到今天，有26年了。这26年时间里，方太文化经历了四个阶段。

第一个阶段是从1996年到2000年，属于传承和发展期。这个阶段传承的是我父亲第一次创业留下的两点文化：第一，党建文化。我父亲特别重视党建工作，把它做到了实处，也发挥了非常好的作用，所以方太也将党建文化传承下来了。第二，文艺大奖赛文化。每年年底员工自编、自导、自演一台文艺晚会，庆祝一年来取得的成绩，大家乐一乐，效果非常好，也传承下来了，后续不断完善、发展为现在每年年底的“方太杯春晚”，是非常大型的活动。

这个阶段也有两点发展：第一，品牌文化。我父亲第一次创业的时候没有自主品牌；方太一开始就做自主品牌，直接定位为高端品牌，也立了一个志向——打造中国家电行业第一个中国人自己的高端品牌。要打造高端品牌，就要有高端产品，这就需要创新。第二，创新文化，这也是方太的一个基因。方太第一台产品就注入了创新文化，是中国第一台完全自主产权的吸油烟机。

第二个阶段是从2001年到2007年，属于“西学优术期”。第一个阶段，方太在内部管理上没有花太多工夫，第二个阶段主要是加强管理，学习西方现代管理理论。这个阶段主要做了几件事：我去读了EMBA课程，系统地学习西方现代管理理论；从世界500强企业引进了比较多的职业经理人，快速学习、引进现代管理制度；从2001年开始导入卓越绩效模式。

第三个阶段是从2008年到2017年，可以归纳为“中学明道与模式初成期”，全面导入中华优秀传统文化。我是学理工科出身的，接触传统文化是在2004年年初上了两个国学班，我觉得从中收获特别大，于是从2008年开始将传统文化导入公司，在导入过程中逐渐有了一个清晰的目标，即“提炼出一套具有中国特色、中西合璧的文化体系或管理模式”。

第四个阶段是从2018年到现在。首先，弘扬文化。我们过去10年里形成了方太文化体系，同时发现外部企业家在这方面的需求越来越大，就成立了方太文化研究院，专门向外部企业家传播这套体系。其次，在“西学优术”上进一步迭代。在第二个阶段，方太企业规模还没到10亿元，而2018年之后已超过百亿元，不同企业规模对管理的要求是不一样的。最后，方太文化体系还在不断地完善。

在此要特别强调的是，在一些人看来，中西文化基本是水火不容的，但在方太，二者却很好地结合在一起。方太是如何做到中西文化各取其长、融为一体的呢？在方太有16个字：“中学明道、西学优术、中西合璧、以道御术。”

“中学明道。”“中学”代表中华优秀文化，我们认为中华优秀文化的核心是“道”，“道”是天地大道、人生大道。我们通过学习中华优秀文化来明道、悟道。

“西学优术。”西方管理理论有100多年的发展历程，从泰勒的科学管理开始积累了大量先进、好用的管理理论和体系，这些要以“拿来主义”为我所用。

企业文化领域的一个常见问题是，核心理念都挂在墙上了，做的时候却是另外一回事，成了“两张皮”，所以我们必须让“两张皮”变成“一张皮”，即“中西合璧”，让中西文化揉成一体。

关键是怎么揉成一体？我们认为可以“以道御

于雷 批注②：

茅总除了为中国家电业贡献了一个高端品牌，还有一个很重要的贡献，就是摸索并提炼了一套中西合璧的管理体系。德鲁克先生曾明确提到：“因为管理涉及人们在共同事业中的整合问题，所以它被深深地植根于文化之中。……因此，发展中国家所面临的一个基本挑战就是，如何发现和确定本国的传统、历史和文化中哪些内容可以用来构建管理，确定管理的方式。”他强调：“管理所借助的社会的传统、价值观念和信仰越多，管理所取得的成就也就越大。”

其实每家中国企业都要基于中国的传统、历史和文化背景建构管理方式，并激发工作动力，故本质上都需要成为“中国式管理”的企业。

于雷 批注③：

德鲁克在创造现代管理学之初，就是把人和事先分而治之，而后再合二为一的。在后续的发展中，西方的管理体系更重视提高做事的效率，背后是西方文化的理性精神。中华文化以“道”为核心，包括：相信天人合一、万物一体的系统大宇宙观，万物相生相和皆合于道的和谐共生观、强调天地人三才的人亦道体观，尤其重视人心性道德的提升。

中西合璧的关键是“以道为体，以理性精神为用”，体现在管理上，就是“人心为体，机制、流程、工具为用”。

术”，通过在中华文化中学到的“道”来驾驭西方管理的“术”。这里的“御”可以引申为不同的含义，包括优化、改造、改进、完善等。因为西方管理理论是在西方文化土壤中长出来的，既然来到中国，就要适应中国的文化土壤，顺应中华文化的“道”，变成中国的管理理论。

举个“以道御术”的简单案例。过去我们参照西方管理制度，将员工违规分为A、B、C三类错误，C类最轻，比如迟到、早退，一般是罚款10元、20元；在导入中华优秀传统文化以后，我们按照儒家的思想，对于小错误以教育为主，取消了罚款，改为沟通、教育，这样做的结果是连续4年员工的小错误总数下降50%。所以，我们主要就是通过这16个字来实现中西文化融为一体。

过去26年，如果说方太取得了一些成绩的话，主要可以浓缩为三个方面：第一，成功打造了一个中国高端厨电领导品牌；第二，“十年磨一剑”，形成了一套具有中国特色、中西合璧的方太文化体系；第三，2017年成为行业中首家突破百亿元规模的企业。

企业的三观决定能否成功

我要介绍一下方太文化体系，它主要分为三部分：一是核心理念，二是基本法则，三是践行体系。三部分是同心圆的关系：核心理念在中间，最外面是践行体系，基本法则介于两者之间。三部分的关系相当于传统文化中的“道、法、术”之间的关系。

我认为，在核心理念的形成上，要向自己内心深处问三个问题。

第一个问题：为什么？为什么要办这家企业？办企业的目的和意义到底是什么？办企业到底能够为客户、社会、国家乃至人类带来什么价值？

第二个问题：成什么？10年、20年以后，想把企业做成什么样子？企业要成为一家什么样的企业？

第三个问题：信什么？在企业经营过程中不能什么都干，一定要有所信仰，要知道什么事情是可以做的，什么事情是不可以做的；什么钱是可以挣的，什么钱是不可以挣的。一定要有这样一些信条、原则。

关于这三个问题的答案，就是使命、愿景、核心价值观。人有三观，三观决定了我们的人生；这三个问题的答案可以叫作企业的三观，决定企业能否成功。

如何理解方太的核心理念？

首先是"为什么"。为什么有方太？"为了亿万家庭的幸福"，这是方太最新的使命。

其次是"成什么"，也就是愿景。2015年年初我们提出方太要成为一家伟大的企业，这个内涵是从传统文化的学习中提炼出来的。我们认为，一家伟大的企业不仅是一个经济组织，还是一个社会组织。作为经济组织，要满足并创造客户的需求；作为社会组织，要积极承担社会责任，不断导人向善，促进人类社会的真善美，这是伟大企业的内涵。同时，一家伟大的企业要具备四个特征：顾客得安心、员工得成长、社会得正气、经营可持续。

最后是"信什么"，也就是方太的核心价值观，即"人品、企品、产品，三品合一"。我们认为应该把人品放在首位，因为有了好的人品，才会有好的企品和好的产品，三者相辅相成，三位一体，缺一不可。

如果用一句话来概述方太的核心理念，就是"以顾客为中心，以员工为根本，快乐学习，快乐奋斗，促进人类的真善美"。

方太的基本法则共有11条，包括"心本经营、以道御术、德法管理、品德领导、组织修炼、智慧思维、行于中道、美善创新、精诚品质、幸福服务、

于雷 批注④：

在茅总看来，伟大的企业，除了要实现商业的经济价值，更要承担起作为社会组织的社会价值，导人向善，促进社会的真善美。方太确立了"伟大企业"的四大特征，也明确了核心价值系统：人品、企品、产品，三品合一。三位一体的结构，正是员工心性、组织与产品的有机结合与体现，是文化理念引领企业发展，并最终统一于企业文化与经营哲学，正是中国式管理之父曾仕强老师强调的"虚以控实"，以管理哲学引领管理科学的典范案例。

文化不是贴在墙上的，一定要做出来，在行为上体现出来。

无为而治”，每一条里还有十来条细则，总共有100多条。

践行体系则主要是用来落地的，将“顾客得安心、员工得成长、社会得正气、经营可持续”的企业愿景层层分解。文化不是贴在墙上的，一定要做出来，在行为上体现出来。

企业文化如何转化成生产力

如何实现成为一家伟大企业的愿景？方太正在向千亿企业的目标冲刺，2021年企业营收规模达到了155亿元。很多做企业的朋友可能想了解，方太文化具体是怎么将企业文化转化成生产力的？

在我看来，**方太文化体系的三部分，核心理念、基本法则、践行体系，每一个部分都在发挥作用，但最为核心的一点是“文化即业务”。**

在文化与业务的关系上，一般企业都会经历三个阶段。第一阶段，文化是文化，业务是业务，两者不太相干。第二阶段，文化促进业务，这个阶段里文化跟业务还不完全合二为一。第三阶段，文化建设达到比较高的境界，文化即业务，两者是一体两面的，合二为一；文化是做业务的发心和方式，业务是文化的呈现和结果。

方太的发心是什么？笼统来讲就是有非常强的、真诚的、利他的发心，有了这样的发心，自然就能生发出无穷的做业务的方式。有了发心，有了方式，业务中就会有文化的呈现和结果。

我举两个案例来说明“文化即业务”。

第一个案例是方太用仁爱之心来研发吸油烟机。2010年我们看到中央电视台的一个报道，大意是厨房油烟增加了家庭主妇罹患肺癌的风险。看到报道后，我们觉得过去开发吸油烟机的思路不太对，于是做出了很大调整。原来的开发是制订一个个量化指标，后来调整成了朝着定性目标进行开发——要开发出世界上吸油烟效果最好的吸油烟机。经过3年努力，2013年我们开发的“风魔方”上市了，这款产品当时售价不低，要5000多块钱，但不到两个月就成了全国畅销榜冠军，而且将冠军头衔保持了7年之久。

研发领域的类似案例还有很多，比如水槽洗碗机、净水机、集成烹饪中心等，都是基于仁爱之心的理念，把顾客当成亲人来研发更好的产品。

第二个案例是服务方面的故事，一位名叫张文甫的在线客服，用行动给出了关于幸福的答案。

有一天，张文甫接到一个电话，是一位老先生打来的，他是方太的6年老用户。老先生的儿子、姐姐家都需要装修，张文甫得知后主动承担起两家的装修任务，半年里她从装修风格、橱柜条件、烟道情况、烹饪习惯等方面给予了很多建议，还经常和老先生探讨装修注意事项以及家电选购等方面的问题。

这位老先生不仅购买了方太的产品，更把张文甫当成了可以依靠的人，从此一直保持联系，经常交流生活、健康方面的内容。有一次老先生听到有人称赞方太，很激动地跟张文甫分享，俨然已经成了一位方太人。

总的来说，我认为，如果企业只有一件事情，那就是要活好，企业要活好的前提就是要建设好企业文化，最关键的是企业家自己要活好。反过来讲也是相似的逻辑，企业家自己活好了，企业文化就能建设好；企业文化建设好了，企业的很多业务问题就迎刃而解了，因为“文化即业务”。

于雷 批注⑤：

企业是企业家的另外一个身体，企业文化往往是企业家人生和经营理念的集中体现，总之，企业家是整个企业的天花板，企业家不能活好、活清晰，企业也很难活好、活清晰。《大学》开篇明德篇中清晰地提到：“自天子以至于庶人，壹是皆以修身为本。”

过冬心法与未来挑战

新冠肺炎疫情让很多企业的日子不太好过，26

年以来，方太也经历过很多大坎。在企业如何“过冬”上，我有四个方面的建议，就是：**开源、节流、风控、修炼。**

开源：就是加快新产品开发上市，加快新营销、新零售方法实践，例如现在流行的数字化营销等新方法。

节流：一方面可以降本，另一方面可以增效。

风控：在经济或需求不旺的时候，企业的风险管理就特别重要，就像《孙子兵法》说的“先为不可胜”，首先要让企业立于不败之地，不要因为小小的失误让企业步入危机。比如现金流是企业比较普遍的痛点，很多大企业因为现金流问题出现大的风险。

修炼：我们要抓住“冬天”的机会好好学习、修炼，所有的“冬天”都是考验我们、成就我们的。要在“事上炼心”，不结合事情的修炼是假的，在比较容易的事情上修炼，进步也不会太大。越是困难、越是棘手、越是让人烦恼的事情，带来的修炼效果往往越好。所以，“冬天”其实是最好的修炼时刻。

于雷 批注⑥：

> 疫情常态化带来的市场“寒冬”，在最近两年，困扰着许多企业家。在与茅总沟通的过程中，他强调危机时刻，弱者看到的更多是“危”，强者看到的更多是“机”。艰巨的挑战，在方太人的眼中，不是障碍而是助力，是企业全体员工共同修炼的场景与机会。
>
> 其实中华文化也是合于“一”的智慧，危就是机，挑战就是磨炼，烦恼就是菩提，两者无二无别，我们都要欢喜接纳。心性就是在无数的坎坷和挫折中成长起来的，企业家作为当今社会的中坚力量，更要用无畏的心勇敢地面对。

方太经历26年的发展，一步步走向壮大，但事实上企业在不同发展阶段会遇到不同的挑战。比如企业文化形成的过程中，我们在第一阶段遇到的是从零开始的品牌建设以及产品创新的挑战，到了第二阶段面对的就是内部管理的挑战。

说到管理的挑战，我们也要知道，不同的企业规模，比如10亿元和50亿元的规模、100亿元到500亿元或者1000亿元的规模，对管理的要求是不一样的。所以现在尽管方太有了100多亿元的规模，但也有了新的挑战。

方太目前大约有1.6万名员工，员工的学历从小学到博士都有，职能也是产品、销售、人力、法务、财务样样齐全，办公地点分布在全国甚至全世界不同地方，有100多个分支机构，在这样的背景下，企业文化建设的难度也是随着企业规模、人数的扩大而不断提升的。

下一步方太要实现千亿级企业的目标，挑战还在于业务领域、产品线如何延伸，仅仅靠经营厨房电器显然是很难成为千亿级企业的。同时，要做千亿级企业，海外市场也非常重要，目前我们还是以国内市场为主，这是中国特定的厨房烹饪方式决定的。

《方太文化：成人成事的长期主义管理哲学》
周永亮、孙虹钢、庞金玲 著

机械工业出版社
2022年1月

如何让传统文化拥抱未来

方太设立了四个新的未来目标，这些目标基本都是以10年为单位：用10年助力1000万个家庭提升幸福感，用10年助力10万家企业迈向伟大企业，用10年助力建设1万个幸福社区，到2035年要实现千亿级伟大企业的目标。

未来方太会有越来越多的“90后”“95后”“00后”加盟，在如何让他们更好地吸收、融入企业文化方面，我也有一些心得和体会。

每年加入方太的应届生有几百位，进来之后会有4个月的脱产培训，他们要学大量的中华优秀传统文化方面的内容，包括经典著作、太极拳、中医等。这其中有两个核心要点。

第一，告诉他们真正的中华优秀传统文化是什么。可能一些年轻人从小接受科学熏陶、学习数理化，对传统文化知之不深。我认为，中华优秀传统文化是古圣先贤发现了人生境界、精神世界的真理、真相，科学是科学家发现了物质世界的真理、真相，二者都是真理、真相，学习中华优秀传统文化也是追求真理。这样一来，一些年轻人对传统文化的认知就会更深。

第二，我会问年轻人：你们当中谁完全没有烦恼、痛苦和困惑？我说，没有的请举手，显然，不会

于雷 批注⑦：

中西圣贤的智慧，尤其是传承下来的经典，因其蕴含着人生和世界的真相和真理，所以我们要有充分的敬畏之心，如《论语》中提到的，君子有三畏：畏天命，畏大人，畏圣人之言。圣贤的经典不仅要"学"，更要"习"，才能有真正的体悟。年轻人如果能把经典当成是打人生通关游戏的攻略来看，真修实炼，知一行百，方可获得更幸福更自在的人生。

有人举手。我接着问：你们想不想拥有一个没有烦恼的、幸福的、圆满的、觉悟的、自在的人生？想要的请举手。所有的人都会举手。我说中华优秀传统文化可以给我们这样的人生。

如果讲清楚这两点，我相信，绝大部分年轻人能够接受中华优秀传统文化。同理，对年轻人来说，企业文化也是一样，如果企业文化能够真正为年轻人带来人生的价值和意义，年轻人就一定会接受。

让我们树立强韧的文化自信，以中华优秀传统文化为源泉，向着伟大企业的目标前进，为实现中国梦做出应有的贡献。

整理自正和岛直播栏目《十日谈：看法与办法》

茅忠群主题发言

编辑：王夏苇

扫描二维码

观看茅忠群、金惟纯、陈为对话完整视频

推荐语
心连心的“心法”

史船 推荐

正和岛执行总裁

这两年因为正和岛资本服务业务需要，我密集拜访了正和岛上各地的岛邻企业。有些企业仍在持续增长中，有些企业已然今非昔比。改革开放40多年来，中国民营企业快速发展，但其实还未曾经历过一个完整的经济周期，即未曾经历过真正的经济下行阶段。在反复的疫情、复杂的国际关系和经济形势等外部挑战中，企业及企业家的内功水平显现了出来。如何用确定性应对不确定性，成了企业家不得不思考的课题。

今年6月，我有幸去河南心连心化学工业集团参观。这个从河南新乡一个小化肥厂成长起来的香港上市公司，经过50年来的磨砺和发展，成长为国内化肥行业的龙头和高效肥领域的领军者。走进心连心，公司墙上的企业文化标语令人印象深刻：

“永远不要把亏损的理由归结到市场上。”

“讲客观是在推卸责任，讲别人是在制造矛盾，讲过程是在寻找借口。”

“改变自己是痛苦的，但是如果不主动改变，环境和市场就会逼着我们改变。那时的困难会更多，付出的代价会更大。”

“困难看起来是一座山，走过去就是一条路。”

这也许就是这家企业的“心法”，让心连心得以一次次突破传统化肥企业的边界，持续做大做强，产业链上孕育的多家子公司也积极布局，借资本市场高速发展。其中，子公司心连心深冷能源股份有限公司充分利用在尿素生产过程中产生的大量二氧化碳，将这些废气进行回收、分离、提纯，随后又将其深冷加工成食品级二氧化碳等产品。这些气体“流”进了饮料、啤酒等企业，在此过程中，心连心集团每年减少了30万吨二氧化碳气体排放。

“为人民服务”，为社会创造价值，得到社会的支持，正是心连心“做大的确定性”。

写下本文前，正值心连心发布半年度业绩预告，预计上半年净利润同比增长40%~50%。在此我向大家推荐心连心集团刘兴旭总独家口述的文章，介绍了心连心两次重要的转型升级，以及刘兴旭总28年来的企业经营管理心得，为大家寻找“确定性”提供一些参考。

正和岛资本服务中心

正和岛新10年，背靠正和岛上8500+优质企业资源，推动产业与资本融合，发现、打造、陪跑正和岛上100家“未来之星”。

正和岛资本服务中心作为正和岛顶层服务的承载者，定位“企业价值赋能的陪跑人”，基于岛邻的投融资需求，链接平台资源、资本与能量，通过基金投资、品牌传播、产业对接、政企服务等综合赋能体系，赋能岛上最具成长性的优秀企业家及其团队，助力企业上市进程，为上市企业提供并购等服务，成就正和岛“未来之星”。

河南县城崛起的百亿级公司，为何越来越强？

刘兴旭 独家口述
心连心集团董事长

28年间如何带领县营企业突围？

《决策之道》：1994年，您从河南新乡的公务系统调动到心连心集团的前身河南新乡化肥总厂担任厂长，这一事业转型的契机是什么？

刘兴旭：20世纪90年代，我们国家还处在改革开放的探索阶段，国企改革也处在探索阶段，还没有明确的目标、方法，不像现在搞股份制或者搞混改，都有明确的政策规定。当时的新乡化肥总厂是新乡市新乡县的县营企业，厂长和全县各局委、各乡镇的一把手属于同一个级别。我原本在新乡县七里营乡当乡长，1994年经县委研究，行政调动到新乡化肥总厂当了厂长。

我是1972年入伍，1984年退伍，在部队干了十几年，退伍之后在县纪律检查委员会等单位工作过，没有进过企业。调任时我39岁，那时的想法就是去学习学习，想尝试一下，想闯一闯，看看别人能干好的事，我自己到底能不能干好。我抱着这样的目的到了新乡化肥总厂，这是当时的背景。

《决策之道》：在20多年的企业经营生涯中，您将一家地方企业发展为现在的大型化工集团心连心，其间哪些节点是让您印象比较深刻的？

刘兴旭：我进入新乡化肥总厂的时候，河南省一共有16家小型化肥企业，它在其中规模不算大，但属于做得比较好的，现在16家只剩下我们一家了。所以在经营相对较好的情况下，我到新乡化肥总厂工作，也是很有信心的，是

要做成一个好的企业，没有严格的管理，没有一点一滴抓好基础，没有科学的态度，肯定是不行的。

抱着信心一路做下来的，但在经营过程中也确实遇到过不少困难，让我比较有感触。

第一次是企业从生产碳酸氢铵改产尿素的转型过程。碳酸氢铵是一种低端的氮肥产品，氮含量只有17%，我们现在生产的尿素的氮含量是46%，属于比较高端的产品。从生产碳酸氢铵改产尿素，曾经是行业的趋势和国家的号召，但是，相当一部分企业死在了改革的路上，甚至流传一句话："不技改是等死，技改就是找死。"行业一度出现了大面积的企业倒闭，由全国2000多家变成几百家，后来又变成100多家。我们厂属于管理相对较好的企业，我就积极要求把项目接下来，接下来就干，干得相对顺利，得到了当时化工部的肯定，我们的信心就很足。

之后问题就来了，项目建成以后，由于各项基础管理不到位，出现了不能连续生产的问题。化工企业的生产连续性很强，特别是尿素生产企业，要将煤炭变成煤气，将煤气净化之后再压缩、再合成、再分解、再压缩、再合成，整个工序大概有9个大的工段，9个大工段里又有很多小的岗位，每个岗位出现一个小问题就会引起全系统停车。让我印象深刻的是，一个锅炉用的风机下面的底座安装时水泥强度不够，生产运行几天就会出现震动，一出现震动，风机就不运行，接着就是锅炉不转，整个系统停车。这么一点小事就能引起整个系统停车，类似的事情还有很多。

可以说，当时由于基础管理不善，造成整个项目干完了却运行困难。这就给了我一个教训——只凭热情，能够把事情一时干好，但是，要做成一个好的企业，没有严格的管理，没有一点一滴抓好基础，没有科学的态度，肯定是不行的。从那以后，我们狠抓基础管理。当时全国工业战线学邯钢，我们就学习"邯钢经验"，学习成本倒逼法，像海尔之类的先进企业，我们都学了不少。通过学习，我们强化了一系列的基础管理，逐渐走上了正轨。这是一次比较深刻的教训，是我实践当中的体会。

第二次是引入高端的控释尿素的产品升级过程。我们从1994年开始做尿素，到2007年、2008年前后，在行业里算是做得很好的，在成本控制上处于行业内比较领先的位置。但是，整个行业的竞争一直是低端的竞争、成本的竞争；在市场上，你家产品价格低，那我家比你家价格还要低，这样，整个行业的利润越压越薄。我们就想，这样长此以往是行不通的，于是就和中科院一起开发高端的控释尿素，想让尿素在农业中的利用率更高一些，虽然成本会提高，但是应该能卖个好价钱，属于产品的升级换代。

为此，我们下了很大力气搞研发，经过试验，发现新产品能有百分之十几的增产效率，价格比普通尿素也高不了多少，政府部门的认可度也很高。我们就很高兴，开始组织产品推广，想的是把价格定高一点，给经销商的留存多一点，这样推广的效果会好一点。结果推广了几个月，完全没有达到我们想象中的效果，产品都留在了经销商的仓库里，没有到达终端的农民手上，我们的库存也很多，整个生产线被迫停了下来，造成了一次很大的损失。

这个经历对我触动也很大，让我意识到仅仅升级产品是不够的，转型、升级必须是企业整体系统的升级，要有足够的营销能力、推广能力。我们想做高端尿素，必须得到农民认可——自己说产品能增产多少，农民看不到实际效果是不会认可的；每个产品都说自己是高端的，用户不会平白无故买你的账。而且，推销人员的推销力度是怎样的，推销时怎样做示范、怎样教农民使用新产品，我们也不知道，所以这个项目当时就失败了。从那以后，我们强化了销售，强化了研发，强化了生产系统的效率，逐渐才把这个项目重新做了起来。

仅仅升级产品是不够的，转型、升级必须是企业整体系统的升级。

讲自己，不讲别人；
讲主观，不讲客观；
讲效果，不讲过程。

当然，企业发展的重要节点有很多，我就讲这两处，这两处让我印象比较深刻。

市场永远不确定，自身能力是关键

《决策之道》：当前经济界有很多声音，认为宏观环境充满了不确定性，您如何看待这一观点？您在企业经营中是如何应对外部环境变化的？

刘兴旭：这是一个很大的话题，我谈谈我自己的看法。

目前的宏观情况肯定是有一些变动，不管是国际冲突、世界经济形势，还是疫情，对我们肯定是有影响的，但我认为不能把企业经营遇到的问题归结在不确定性上。

所谓不确定性，就是说所有的环境都在变化，这是真正的市场经济的规律。**市场经济永远处在动荡的过程当中，它本身就是充满不确定性的，本身就是风险和利润共同构成的一个整体，如果什么都确定了，那就不应该叫市场经济了。**我们经营企业，美国次贷危机、中美关系、自然灾害、政策影响……种种因素都是必须考虑的，必须时刻做好应对的准备。这些因素本来就存在，只是不知道什么时候会来。这是我的一些认识。

我们企业内部有个要求，任何时候都不能把自己工作不好的结果归结到市场原因上，任何时候都是从自己身上找原因。我们有一条规矩，叫作“三讲三不讲”——讲自己，不讲别人；讲主观，不讲客观；讲效果，不讲过程。我们始终把经营的过程当作我们提高自身能力的过程，不管市场、环境怎么变化，只要自身的能力提升了，所有的不确定性都可以应对。

怎么应对政策的不确定性？我们的做法是强化政策理解、政策观念，和政府加强沟通。环保政策一直在演变，但我们与同行业相比在环保上始终做得更好。同样，只要自身能力提高了，不管市场怎么变化，我们相信都能够应对。我们又是怎么应对市场的不确定性的呢？一是降低成本，我们这个行业里，成本在经营中占的分量很大；二是提升产品的差异化程度，从而强化我们的竞争能力，这是我们做企业的根本。

《决策之道》：心连心集团在降低生产成本方面有哪些经验可以分享？

刘兴旭：原材料的消耗是我们尿素产品的主要成本，煤炭和电力两项加到一起，占成本的7成以上。其他一些成本，比如人工成本、包装成本等，占的比重很小。

我们的低成本战略可以归纳为一个关键词——高效率，也就是煤炭和电力利用效率高。为此，我们不惜以高价格聘请人才，购买高端设备、高端工艺。我们现在无论是工艺、设备还是人才，都是整个行业里最顶尖的。这就是说，低成本是建立在高效率的基础上的，不像有些行业、企业，低成本是一点一点抠出来的。我们连续11年都是工信部认可的合成氨能效领跑者，能源利用效率最高。

在降低成本方面，我们主要就是这么做的。至于其他的区位优势、市场优势等，我觉得都不是最核心的。

《决策之道》：心连心集团有一家下属子公司叫作心连心深冷能源，目前在新三板挂牌，但还未上市，是心连心集团的一块优质资产。它是否代表着心连心集团的产品差异化战略？您在扩张集团产业版图上有哪些思考？

刘兴旭：深冷能源是我们的一个子公司，主要做二氧化碳开发，因为生产尿素的过程中会产生很多二氧化碳气体，深冷能源可以把二氧化碳当作原

不管市场、环境怎么变化，只要自身的能力提升了，所有的不确定性都可以应对。

我们处于充满竞争的行业环境中，每个企业都有自己的长处，自己会做什么、能做什么，就一定要把长处发挥到极致。

材料，加工出工业级、食品级、电子级三大类产品。目前它的整体盈利能力还算可以，我们下一步积极地支持它上市，而且不仅要做二氧化碳产品，氧气、氢气、氮气、氩气等气体相关产品都要做。

所以，我们在扩张中的基本思路是根据自己的原料优势、市场优势和品牌优势来发展下游产品。我们处于充满竞争的行业环境中，每个企业都有自己的长处，自己会做什么、能做什么，就一定要把长处发挥到极致。这样才能在发展中充分利用长处，决策时也不至于出现大的失误。

至于各家子公司是否上市，要根据各家子公司自身的发展情况来看，因为我们有一个底线：**上市不是为了圈钱，而是为了做好实业**。我们上市获得的资金一定要用来提升企业的核心能力，提高产品的附加值，比如，如果深冷能源上市了，拿到一部分资金，一定是投入相关的一些项目里，像氧气、氢气的再利用项目等。如果上市只是图钱，那是对自己的事业不负责任，也是对股民不负责任、对社会不负责任。

进一步说，我们不能单纯地追求规模扩张、销售收入增加，追求的一定是企业素质的全面提高。这就要求企业内部做到各项资源一体化，让研发、供应、生产、销售、供应等环节实现一体化，向华为学习“力出一孔、高效运作”，把内部资源统一到市场需求上面来。这是我们扩张的一个基本原则。

同时，在企业发展扩张中，我们也要充分利用环境，择机而行，顺势而为。市场、技术、政策的大环境都会不断变化，变化会带来风险，也会带来机会。比如，我们这个行业主要为农业服务，农产品的高端化、农村和农业的集体化、农业的机械化等农业领域改革，方方面面都会给我们带来影响，如果我们抓不住其中的机会，永远只会靠低成本去竞争，那永远也不会有优势。所以，随着农民素质的提高、农业机械化与现代化程度的提高，对化肥的要求会越来越高，我们就会投入大量资金到新产品研发上，希望利用化肥来改良土壤、促进农业高产、改善农产品的品质。这样既符合农业农村部提出的“减肥增效”的理念，也符合农业发展态势，更符合我们自己的优势、长处。

总之，我们的基本理念是，企业扩张一定是在做强内部实力的基础上的扩张；企业扩张带来的挑战，主要是对我们自身内控能力的挑战，以及对我们把握市场能力的挑战。机会是很多的，但是否会抓机会，是否抓得住机会，要看我们自己有没有准备好：如果机会来了，但没有准备好，那么机会可能不是机会，而是风险；如果已经准备好了，却也抓不住机会，那就是决策上出现了失误。

《决策之道》：在您看来，对于传统工业企业而言，企业管理有哪些特点、难点？

刘兴旭：传统工业企业有很多种，我只能以我们企业为例，说一说我的体会。

我们的尿素产品有两个特点，一是生命周期长，二是刚性需求很强，所以它不会在短期内出现一些市场方面的问题。与一些新兴的互联网企业、平台型企业相比，这是一些传统企业的特点。

但是，传统企业必须向现代化企业转变，比如要引入大数据、信息化、智能化的理念，这就带来了一些难题，其中最难的就是传统企业思想转变难，因为企业里很多中高层管理干部相对年龄偏大，已经形成了固定的思维模式。比如，对于人力资源管理工作来说，怎样把人力当成一种资源，怎样把人力资源管理做成一个平台，这些理念的转变就存在困难。再比如，我们目前还是采用两级代理商的销售方式，那么，如何能让企业和客户联动起来，一起做成一个平台，从而在产品设计过程中和客户互

如果上市只是图钱，那是对自己的事业不负责任，也是对股民不负责任、对社会不负责任。

机会是很多的，但是否会抓机会，是否抓得住机会，要看我们自己有没有准备好。

动、一起优化产品呢？目前我们也没有实践这样的理念。

另一个难题是研发创新、制度创新等。比如，搞一个技术创新，不仅仅是依靠技术人员就行的，它一定需要依靠整体的组织制度创新。由于思想转变难，现代化企业的理念还不够充足，组织制度创新就很难落实下去。过去我们做企业，一直是以领导、中高层为核心，领导要求怎么办，下面就怎么办；未来我们应该以客户为中心，客户要求怎么办，我们就怎么办。两者之间的差异看起来简单，实际上完全颠覆了组织的模式。

为了支持创新，我们需要文化、理念、制度方面的综合转变，把目标体系、组织架构、考核体系都改了，通过强制性制度改革促进理念转变，通过理念转变助推制度改革。这就是我们目前采用的企业管理转型方法。

工业生产为何引入军事化管理

《决策之道》：是的，企业文化是企业管理的重要抓手。您曾经在部队工作十几年，在企业经营中提出了“企业管理军事化，企业文化军营化”。您推行军事化管理的目的是什么？有哪些举措？收效如何？

刘兴旭：我们实行军事化管理已经持续大概20多年时间了。每年招收的一两百个新员工进厂，必须经过1个多月的严格军事训练，就像部队里面的新兵训练连一样，走路、吃饭全部按照军事化要求，总要淘汰几个受不了的；老员工每年也有20天左右的时间参与一些军事化训练，喊喊口号，走走队列，过过军事生活，还会评选一些会操先进单位。每周我们也会搞一个升国旗仪式，每位副总在仪式上讲一讲自己分管的工作，给大家做一个简要的通报。甚至每天上下班，我们也是按照部队要求，两人成排、三人成列地走路；下班讲评的时候，也一定要列队讲评。

刚开始实行军事化管理，大家一度都不适应，现在逐渐都很认可。我们出去参加会议、集体活动，如果不按队列走路，走路都感觉别扭，大家已经自觉地形成习惯了。

我们实行军事化管理，实际上是和化工生产的特点有关的。首先，化工生产是一个严密的系统，牵一发而动全身，众多工段里出一点问题就会引发系统问题。其次，化工生产的程序性很强，第一步、第二步、第三步干什么，一定要按程序来。最后，化工生产的工艺指标要求很严格，必须要按指标执行，不能个人想怎么样就怎么样，这在生产中是绝对不允许的。

针对这些特点，我们认为，军营文化很适合引入企业中，军营文化也的确带来了一些好处。

一是强化了员工的集体意识。比如员工走队列要前后对正、左右看齐，领队怎么走，你就跟着怎么走，步调一致，一起行动；考评队列的时候，一个人一旦走错步伐，整个队伍都不得分。我们以此来强化大家的集体意识，不能让一个人的失误影响整个队伍。在生产中也是一样的道理，一个人的误操作可能引起整个系统停车，严重的时候甚至会出现事故。所以集体意识是很重要的。

二是强化了员工的执行意识。化工生产系统当中必须要有等级意识，员工要知道领导是谁、领导的领导是谁，因为每一级领导所负的责任都不一样，有时下级很难理解上级意图，搞不清楚上级所负的责任。一些年轻员工在学校里习惯了发言表态，习惯了张扬个性，我们在决策前期当然是鼓励发表意见的，但是在生产执行过程中，在完成任务时，不允许讨价还价，不允许讲条件，必须无条件执行。前面提到我们有一条“三讲三不讲”的规矩，也

通过强制性制度改革促进理念转变，通过理念转变助推制度改革。这就是我们目前采用的企业管理转型方法。

如果企业真的在为社会做贡献，那不管做什么决策，不管上什么项目，都能够得到社会的支持。

有一点强化执行的意思在里面。

三是强化了员工的规范意识。所谓规范意识，就是干什么都有标准，走路有走路的标准，叠被子有叠被子的标准，吃饭有吃饭的标准，穿衣有穿衣的标准。在生产系统当中也一样，进入工厂一切都按标准、规章、制度办。这种规范意识，也是化工生产里很需要树立、强化的。

经过推行军事化管理，年年强化这些意识，现在我们从基层员工到高层领导，整体上对军营文化的认可度还是很高的，带来的效果也是很明显的。

《决策之道》：一些新生代员工可能更崇尚自由、张扬个性，他们对“企业文化军营化”的反馈是怎样的？

刘兴旭：应该可以说，他们对军营文化也是比较认可的。认可的标志是什么呢？就是认真做好工作的这些新员工，都是把军营文化执行得比较好的，把集体意识、执行意识、规范意识贯彻得比较好的。对这样的新员工，我们会逐渐提拔为干部，用各种激励进一步激发他们的认可度。凡是做得好的，我们都会给予及时的激励。

对于推广军营文化的效果，我举一个实际例子。我们在江西九江一次性投资了50多亿元，建了一套化工生产项目，临近2021年春节时，我们的项目到了关键的“开车”节点，选在春节前开还是春节后开呢？项目上的员工思想波动，大家都想先回家，同时还有一些收尾工程，民工也想回家，结果突然之间又来了一波新冠肺炎疫情，民工一下子都走了，只剩下我们自己的员工。在这种情况下，如果再在春节之后“开车”，项目差不多要暂停三四个月时间，损失会很大，于是我们的高管一声令下：“民工走了，我们自己来！”周边三个基地的全部员工，差不多2000人，不到一个星期全部赶到九江工地，按照工序，一点一点地保证了项目在春节之前安全圆满“开车”。

更难得的是，这个项目一次性“开车”成功，并且之后一年时间没有“停车”。这是什么概念呢？举个例子，汽车跑5000公里，要有一次小修保养，价值50亿元的化工生产项目按理来讲“开车”以后也该进行小的检修，这是很正常的，但是，我们的项目开起来就没有停，一年之后才进行第一次检修。这说明我们在项目前期安装、建设过程中是完全按照标准执行的，每个员工、每个岗位都一次性把事情做好了，所以保证了不出问题，开得起来，更稳得住。

从这个例子来看，应该说，军营文化在我们企业里的影响是很强大的，不然很难做得这么好，从行业到地方政府，大家都认为我们把不可能做的事情做成了。

《决策之道》：除了军事化管理对企业文化的锻造之外，您的会议室里悬挂着一幅毛泽东书法“为人民服务”（图1），这与企业文化有无关系？

刘兴旭：我比较崇拜毛泽东。在我们企业里可以见到很多毛泽东语录，比如反对官僚主义、深入调查研究等。“为人民服务”的书法也不仅仅是挂在会议室里。共产党的宗旨是“为人民服务”，我们做企业的理念是为社会做贡献，用最少的资源为社会做出最大的贡献，理念的核心实际上就是“为人民服务”，和党的宗旨是一致的。

我们把“为人民服务”挂在会议室里，要求大家不管做什么决策都以此为标准，看看自己是否在为社会做贡献。如果企业真的在为社会做贡献，那不管做什么决策，不管上什么项目，都能够得到社会的支持。如果企业只为自己服务或者为“人民币服务”，那就得不到社会的多少认可，自己也会产生很多不确定性。

图1　心连心集团会议室悬挂书法《为人民服务》

我们自身的确定性就是“为人民服务”，用“为人民服务”的确定性应对外部的不确定性。

我在前面提到，所谓企业认为外部存在不确定性，实际上还是自身存在不确定性。所以我认为，我们自身的确定性就是“为人民服务”，用“为人民服务”的确定性应对外部的不确定性，企业是应该这么做的。

《决策之道》：您有哪些其他的经营感悟，可以与正和岛内外的企业家分享？

刘兴旭：我参加过很多正和岛的活动，很多事业做得很大的企业家在岛上带领大家成长，特别是正和岛的组织者、架构师刘东华先生，我听他讲过很多次，理念很先进，做企业的应该好好体会他的思想。

如果真要我说的话，我就说一句：踏踏实实地做企业，从1到10报数，一个都不能少；这样慢慢地走，才能够真正到达我们的目的地。这是我的体会。

采编：王夏苇

盼望暑热过去，等着秋风吹来，也没什么目的，只是图个凉快。

插画摘自 @ 老树画画

洞见

INSIGHT

中国核心技术的“脖子”，还会被“卡”多久？

刘亚东　独家口述

南开大学新闻与传播学院院长、《科技日报》原总编辑

米磊　批注

“硬科技”理念提出者、中科创星创始合伙人

“卡脖子”核心技术话题日益受到全社会的关注。为何中国的现代科学技术落后于人？现在中国的科技创新有哪些不足？又如何解决“卡脖子”难题？……“卡脖子”问题提出者刘亚东做客正和岛《十日谈·看法与办法》直播，与正和岛副总裁、总编辑陈为及“硬科技”理念提出者、中科创星创始合伙人米磊进行深度对话。本文摘编其中精华，以飨读者。

解决“卡脖子”难题，急功近利要不得

陈为：2018年您在《科技日报》组织了专题“亟待攻克的核心技术”，当时列了35项，4年后的今天，攻克的态势如何？

刘亚东：首先，35项真的只是冰山一角，我们被“卡了脖子”的核心技术恐怕不止350项。另外，我们对这35项技术的遴选也有一定随机性，并不代表这是最重要的“卡脖子”技术。（米磊批注①见下页）

《科技日报》推出的系列报道引起了党中央的高度重视，国务院相关部门出台了一系列的政策和措施，旨在解决“卡脖子”的问题。在“卡脖子”的关键核心技术中，确实有这样的情况：虽然国内已经具备相应的开发实力，但由于以前可以从国外引进，国内的供给充足而没有开发，这部分问题相对容易解决。

然而在更多情形下，大量核心技术的攻克是不可能一蹴而就的，是一场漫长而寂寞的长跑，4年的时间实在太短了。我想强调的是，急功近利、急于求成的想法是要不得的，正所谓“欲速则不达”。

美国刚开始对中国半导体芯片围堵和打压的时候，就

米磊 批注①：

刘亚东老师提出的35项“卡脖子”技术，与我所说的“硬科技”的八大领域——光电芯片、人工智能、航空航天、生物技术、信息技术、新材料、新能源、智能制造——基本是相互映射的。

当前，我国已成为制造大国，在组装、加工端的制造能力已臻于极致，但是，“大而不强”依然是严峻的事实，在不少核心关键技术上都需要“补课”。

我提出“硬科技”，就是希望把关键性问题抛出来，让更多人关注、参与，尽早解决这些问题。

米磊 批注②：

当前，我们的社会面临的最大的问题是浮躁，大家对于需要耐心、需要忍受短期痛苦的事情没有“兴趣”。如果所有人都去做“短平快”的事情，都不愿意去做长期来看更有价值的事情，并不是一个好的境况。

说到底，科技创新有自己的规律，其中之一就是周期长，可能投入5~10年都是看不到回报的。科技创新的路要走下去，既需要智慧，更需要耐心与韧性，一步一个脚印，十年磨一剑。

有一些所谓的“专家”公开说中国芯片产业的春天就要到了，还说3年以后中国的高端芯片会“臭”大街，我当时就驳斥他们：“春天是你们家的吗？想什么时候来就什么时候来？”现在四五年过去了，我们的高端芯片不但没有“臭”大街，反而是举步维艰。

一方面是所谓的“专家”被打脸，我想提醒他们要自重，不要欺负公众的科学素养差；另一方面，公众也要吸取教训、擦亮眼睛，到网上查一查“专家”的学历和工作背景，如果学的不是理工科，或者没有从事与科技相关的工作，那你就要学会拒绝被他们“收割智商税”。

解决“卡脖子”问题是动态的过程，在攻克这些核心技术难关的同时，别人不会等着你，依然在快速地前进。因此，将“卡脖子清单”当成攻关清单是必需的，但“头疼医头，脚疼医脚”的做法显然解决不了根本问题，最重要的是要提升对科学和技术发展规律的系统性认知，只有这样才能尽快摆脱受制于人的局面。

为什么中国的现代科学技术落后于西方？

陈为：我们知道，关于中国科学，有“李约瑟难题”，还有“钱学森之问”。在您看来，中国的科技为什么在近代落后了？中国的高校为什么很难培养出大师，获诺贝尔奖的人也比较少？

刘亚东：英国学者李约瑟在《中国科学技术史》中提出这样的问题：为什么现代科学和工业革命没有诞生在中国？其实“李约瑟难题”有一个潜台词，他没有问为什么现代科学和工业革命没有诞生在非洲、大洋洲或者拉丁美洲，他专门问的是中国，因为中国有着灿烂辉煌、未曾间断的古代文化以及令人自豪的技术成就，然而并没有孕育出现代科学和工业文明。所以，我们更多要从文化上找原因。

李约瑟认为，中国的传统体系扼杀了人们对自然规律探索的兴趣，思想被束缚在古书和名利上，“学而优则仕”成了读书人的第一追求，他们专注于“仁义礼智信”的教化。至此，李约瑟已经给出了这些具有参考价值的答案。

至于“钱学森之问”，是2005年温家宝总理看望钱学森的时候，钱老感慨于培养具有创新能力的人才的问题，被总结为“钱学森之问”——为什么我们的学校很难培养出杰出人才？我显然无法完整回答钱老的世纪之问。谈谈粗浅认识的话，我认为我们的教育（包括小学、中学、大学）过多注重传授科学知识，忽略了科学精神和科学思想的培养，而科学精神的内涵包括批判质疑、求真务实、不懈探索、勇于创新、兼收并蓄、宽容失败等。

大量核心技术的攻克是不可能一蹴而就的，是一场漫长而寂寞的长跑。

陈为：这也涉及如何评价中国古代的科学与技术成果。《枪炮、病菌与钢铁》里讲，“直到公元1450年左右，中国在技术上比欧洲先进很多”，宋代著作《梦溪笔谈》也提到相关科学上的成果，但我也曾听一位科学家讲古代的很多东西，比如五行，根本不是科学。总体来讲，是否中国古代技术发明尚优，但科学匮乏，您怎么看？

刘亚东：你这个说法基本正确，我是赞同的。公元前221年，秦始皇统一中国以后，历代帝王很少有人关注外部世界。最近几百年来，为什么中国的科学技术落后于西方？最重要的原因是中国人的眼光主要向内看，而不是向外看。

从14世纪到17世纪，大明王朝历时近300年。在中国历史上，明朝是最稳定的朝代之一，但是明朝采取了一系列闭关锁国的政策，逆转了唐宋以来生机勃勃的外向型的发展趋势，使得中国逐渐落后于西方国家。恰恰在这300年里，欧洲经历了文艺复兴，欧洲人的世界观焕然一新，也让欧洲国家从宗教神权社会转为世俗社会，并开始了400年的现代化历程。

明朝也有其可圈可点之处，比如开始于1405年即永乐三年、历时28年、多达7次的郑和下西洋，它比1492年哥伦布发现美洲大陆早了87年。据史料记载，那个时候明朝在船舶技术、航海技术、船队规模、航行距离等方面都远远领先于西方。郑和下西洋规模最大的一次共有200多艘船只，船员约8000人，可谓云帆蔽日、声势浩荡。相比之下，发现新大陆的哥伦布船队仅有3艘船、90名船员。可是，虽然船队规模不大，但哥伦布开辟了新航路以后，在欧洲激起了航海的热潮，航海贸易的繁荣大大加速了资本主义的原始积累。反观郑和下西洋，对中国经济的刺激和推动作用可以说是微乎其微，原因正是囿于明朝的海禁政策。

明朝洪武年间，朱元璋下令实施海禁，禁止中国人到海外经商，同时也限制外国商人到中国开展贸易。永乐年间，虽然有着郑和下西洋这样的壮举，但开放的也只是朝贡贸易，庞大的船队后面不允许跟随民间海商的船只。1433年以后，中国船队便在印度洋和阿拉伯海上销声匿迹，中国的航海事业突然中断，与西洋各国已建立的关系也戛然而止。

在世界资本主义处于萌芽状态的关键时期，明朝的海禁政策造成了海洋在中国现代化进程中的缺位，否则中国历史就会被改写——可能不会有1840年遭受的屈辱。

至于刚才说到“中国有技术没有科学”，这个情况的确存在。科学是舶来品，而非我们的土特产。明末清初和清末民初的两次“西学东渐”以后，西方的学术思想才逐渐传入中国。

科学是舶来品，而非我们的土特产。

公元前469年，在孔子去世10年以后，古希腊的苏格拉底诞生了，中国的先秦文化和古希腊文明是有着较长的重合期的。《礼记·大学》曰“致知在格物，物格而后知至”，由此衍生一个成语，叫“格物致知”，意思是推究事物的原理，从而获得知识。这是科学精神在中国古代哲学思想中的萌芽，遗憾的是，我们的祖先并没有把它发扬光大。先秦时期，中国虽然也有诸子争鸣、百花齐放的文化辉煌，但是与古希腊文明相比，显然在自然科学领域相形见绌。缺乏科学的武装和指引，是造成中国在技术上落后的重要原因之一。

缺乏科学的武装和指引，是造成中国在技术上落后的重要原因之一。

陈为：爱迪生发明了留声机，起初是用来给临终之人录制遗言的，并不是用来听音乐的，《枪炮、病菌与钢铁》中有一个结论是“有很多技术是发明出来之后逐渐找到了使用场景，而不是发明出来满足某种预见的需要”。现实中有两种情况：一种是我们需要什么，将它发明出来；另外一种纯粹是好奇心驱动发明。研究科学史的学者吴国盛老师有和您一样的观点：“实用有时候对科学是很大的阻碍。”现实中是不是这两种情况都有存在的必要？

刘亚东：我同意这个说法，实用主义对科学发展是很大的阻碍。但一定要听清楚，我说的是对“科学”的阻碍，没有说“技术”。实际上，技术往往表现出很强的需求牵引，而且不是所有技术发明以后都能应用。技术发明和技术创新，一般理解起来好像是一样的，实际上有很大的不同。

自己在家里搞出了什么东西，从技术上有所突破，或者做出一个小小的成果，都可以叫技术发明；但创新不同，技术发明的第一次商业应用才叫技术创新。可见，技术创新不是技术范畴的概念，而是经济学概念，尤其是通常由企业家来做这件事情——他们把一些好的技术引进到生产工艺里，促进劳动生产力的提高，这叫技术创新。很多技术发明虽然很好，却未见得有实际用途，这有很多原因：

比如市场因素，受众不接受这种技术；还有垄断企业之间对对方技术的排斥和打压，这在技术发展史上也是屡见不鲜的。

如何解决“卡脖子”技术的难题？

米磊：您作为资深科技媒体人，如何看待中国科技发展的现状？现在中国的科技创新还有哪些不足？

刘亚东：资深谈不上，我简单谈谈我的看法。中国这些年科技发展的势头还是不错的，根据世界知识产权组织发布的《2021年全球创新指数报告》，中国在创新指数排名中位列第12位，比2020年前进了2位。事实上，从2013年开始，中国在排行榜上已经连续9年稳步上升，发展势头很好。但也要清醒地认识到，我们国家的基础科学、基础研究薄弱，创新能力低下，原创性、引领性的成果不多，与美国以及其他发达国家相比还存在较大差距。

我认为，这两个方面都不能够忽视：第一，要肯定成绩；第二，要认清我们的现实。合二为一，就是中国目前科学和技术事业发展的现状。

米磊：您曾说“现在很多‘卡脖子’技术，用以前的体制是解决不了的，所以要采用新型举国体制”，能否讲一下您心目中的新型举国体制是什么样的？如何解决现在“卡脖子”技术的难题？

刘亚东：我的看法是，以往的举国体制不是没用了，而是要与时俱进、发展完善。比起计划经济时期的举国体制，无论在形式还是内容上，新型举国体制都应创新，必须在社会主义市场经济的条件下发挥作用。新型举国体制遵循的是市场在资源配置中起决定性作用的规律，更好地发挥政府的作用，它有很多具体方面，重要的如下。

第一，摒弃中国和外国的思维。新型举国体制

任何国家都不可能在每一个技术领域都做到世界第一，任何国家都不可能完全依靠自己的力量解决所有的创新难题。

的出发点和落脚点都不是闭关自守，因为中国没有能力，也没有必要和全世界竞争。科学、技术以及相关产业发展到当今的程度，任何国家都不可能在每一个技术领域都做到世界第一，任何国家都不可能完全依靠自己的力量解决所有的创新难题。实施新型举国体制要求我们以更加开放的心态拥抱全球创新，努力融入世界产业链，积极参与国际分工与合作，同时要把尽可能多的核心技术掌握在自己手里，从而形成有效的制衡和交换的能力，摆脱对国外技术单方面依赖的困境。

民营企业作为注入的新鲜血液，将成为新型举国体制的新引擎。

第二，转变政府的职能。重大攻关项目一般具有基础性、公共性和通用性的特点，所以离不开政府的统筹和布局。但是，新型举国体制应该规避以往走过的弯路，特别要破解盲目上马、政府包办、不计成本等老大难问题；政府推动项目的方法和手段也应该改变，要在更大程度上实现从领导变成引导，从指挥变成服务，从定规划变成定规则的角色转换；同时，决策的科学化和民主化也是新型举国体制的特征之一。

第三，深化科技体制改革。新型举国体制应该强调社会资源的融合以及系统能力的集成，因而要更加有效地统筹各个方面的力量，以柔性的方式更好地满足技术创新需求，构建生机盎然的“生、产、学、研、用”联动机制，形成战略科技力量体系。

第四，营造创新生态。作为新型举国体制的攻关目标，例如半导体芯片、航空发动机等技术集群和产品集群，往往都依托于创新生态，而创新生态通常都是社会上乃至各国的上千家企业在几十年的竞争和合作中构建的。任何国家要想提升自己创新体系的效能，都必须实现创新治理能力现代化，包括持续优化自己的创新生态系统。新型举国体制只有与创新生态系统产生良性的交流与互动，才能获得更具生命力的全球竞争优势。

第五，发挥企业的主体主导和主角作用。关键核心技术创新性强、发展变化快，而且面临着更大的市场不确定性，所以必须注重在与市场的耦合中创造价值，用市场需求倒逼前端技术创新，在此过程中，企业必须当仁不让发挥主体主导和主角作用。

第六，构建开放的平台。以国家的政策和资金作为引导，广泛吸纳各方力量（甚至包括国外力量的参与），鼓励不同市场主体运用市场机制开展合作。国有的研究机构和企事业单位无疑要发挥重要的作用，同时，民营企业作为注入的新鲜血液，将成为新型举国体制的新引擎，我想这也是区别于以往举国体制最显著的标志。

第七，多元化投融资渠道。重大项目的攻关，投资通常具有规模大、周期长、风险高的特征，在以往的举国体制中都是由政府承担，但是“财政砸钱”这种单一的模式很难在今天为可持续的创新和发展提供保障。随着社会资本的不断壮大，新型举国体制项目的实施完全有可能做到政府不再唱独角戏，而是包括风险投资在内的社会各方力量参与其中，在合作中完成项目。

第八，保护知识产权。力求在知识产权的获取、归属、分配、转移等方面符合市场经济的原则，符合国家利益，也要符合国际惯例。

米磊：您现在最关心的科技领域主要是哪些？

刘亚东：从个人兴趣来讲，航空发动机、重型燃气轮机、材料、工业软件等方面我都在追踪，但关注最多的是半导体芯片和航空发动机。

一个民族的发育跟个人的发育是一样的，离开了阅读就没有办法发育。

2017年以前，半导体芯片还没有像现在关注度这么大，很多人也在讨论航空发动机。2017年以后，大家似乎把全部的精力都集中在半导体芯片上，忘了还有很多领域同样被“卡脖子”，好像觉得只要芯片问题一解决，其他问题都迎刃而解了，实则不然，半导体芯片只是众多“卡脖子”领域里面的一项，当然它是比较重要的一项，航空发动机也是一样的。

前段时间，我们的歼-20飞机换装了新型发动机涡扇-10C，很多网友欢呼中国解决了航空发动机的难题，其实这是很可笑的，他们对这个领域太缺乏了解。简单算一下，在航空发动机技术方面，中国还明显落后于美国。对此我认为，盲目无知自嗨要不得，但也不应该悲观失望。

我一直关注这个领域，盼着航空发动机的科研人员、技术人员能够百折不挠、锲而不舍，尽快把国产航空发动机事业搞上去。但是，航空发动机也好，半导体芯片也好，外行人以为它是一种产品，或者一项技术，其实它是一个制度群或者产品群，包括千千万种技术。像半导体芯片，它是人类工业文明的集大成者，涉及电子、冶金、化工等太多的领域，几乎无所不包，其中有几万项专利。所以我希望广大网友应该有最基本的了解。

关于普通人如何提升科学素养，我认为从国家层面来讲，一要普及教育，二要提高教育质量。教育应该逐渐转型，不应太过注重传授科学知识，更重要的是传授科学方法、科学思想和科学精神。从个人层面来讲，需要加强学习，多阅读。一个民族的发育跟个人的发育是一样的，离开了阅读就没有办法发育。现在是网络时代，很多人不爱看书，但是，从手机上获取的信息是没有办法替代从书本上得到的系统性知识的。所以大家有空的时候要多读适合自己、能够接受的书，由浅入深不断学习，有了足够的知识，就不容易被“收割智商税”了。

编辑：刘靖阳

米磊 批注③：

航空是21世纪最具影响的科技领域之一，是国家核心战略产业之一，是国家技术经济实力和工业化水平的重要标志之一。航空工业的高水平发展不仅对中国经济持续健康发展具有重要意义，而且对捍卫国家主权和领土完整、维护国家安全、实现中华民族伟大复兴具有重要战略意义，是维护国家主权、安全、发展利益的关键力量所在。

当前，国内航空产业链基础相对薄弱，供应商以“国家队”和国外公司为主。指望创业公司一上来就做一些特别复杂的零部件或是分系统，难度相当大。

因此，我会更多地关注这些零部件的供应商，具体包括航空发动机零部件和碳纤维复合材料这两大方向。我们在2015年孵化了一家公司，是做航空发动机叶片的高端加工的企业。现在这家企业发展很不错，属于为国家解决航空发动机核心技术做出一点贡献的企业了。

扫描二维码
观看刘亚东、米磊、陈为对话完整视频

陈功60年回首：什么是成熟？

陈功 内部讲话

安邦智库创始人

别人都收集珍宝、收集古玩、收集一些有价值的东西，我专门收集的是问题。

我是1960年生人，1985年从中国人民大学毕业，1993年创立了安邦智库。很多人会把安邦智库与安邦保险搞混，其实安邦保险是2004年成立的，两者差了很多年，也不在同一个行业，一点关系都没有。

快30年了，国内可能没有哪一家智库有如此长的历史，更重要的是，安邦从开始到现在都没改变过，所有的工作都围绕公共政策，以政策研究为重点业务。我所研究的事情，实际上也都是基于收集的问题，做的都是针对问题的、以问题为导向的研究。

安邦是“独立智库”，“独立”二字是后来有意添加的，强调智库思想认识的独立性，而不是特立独行的做事方式。我们是一步步走来的，因此，稳健融入我们的性格，更是我们的根本理念。

我觉得，现在来看，人生成熟了，我也退休了，也许差不多是时候了——我可以进行一些回顾和总结，白描一番我自己的经历，让大家更多地了解一下我和我的事业。所以，今天我来聊一聊，我是怎么从过去走到今天的，是怎么一步步变得成熟起来的。

成熟是一种有机成长

什么是成熟？这个问题回答起来可能很复杂，但我想无非就是一个过程，成熟就是一种有机成长。

一谈到有机成长，很多人就犯糊涂了，我年轻的时候也是这样：有时听到老师讲“有机化学”，有时在书里看到“有机”，还以为“有机”就是“有机化学”这回事儿。长大之后才知道不是这么回事儿：它是发展变化的意思，是从小到大的一个过程。从不成熟到成熟，这就是有机成长。人生就是一篇儿一篇儿翻过来的，成熟也没那么简单。

人都要有一点腔调，尤其是在年轻的时候，年轻人更有年轻人的腔调，要模仿、要学。我也年轻过，我年轻的时候正流行伤痕文学，什么王志文、王朔，都是那时候我们模仿的对象，因为觉得他们很酷、很帅。人生就是在这样的过程当中，在模仿、跟着学、追着腔调去走的过程当中成长起来的。人也会长大，长大了就知道腔调、格调、风格、气质等，实际上都不重要。这些虚的“花活”“玩意”很多，但其实不重要，实质的东西才会地久天长。

即使比较起腔调之类的东西，我也会说那种大气磅礴、泱泱大气、豪放派一类的，还是要比精致、小家碧玉的文艺腔，跟“天才”这两个字靠得更近一些。有一个词叫大雅宏达，就说明大雅要比小雅强得多。

这里有一个很重要的区别：要做到大雅，“心脏的大小”同小雅是不一样的；做人大气、大雅，那是一定需要一颗大心脏的。我读蒋介石的日记，就感慨蒋介石从大陆败退，原因就是两个字：小气。

胡适在中国、在全世界都是很有名气的，他是从美国留学回来的，民国时期的五四运动、推广白话文都跟他有关。在抗日战争期间，胡适为中国到处演讲，让美国人来认识、了解中国。美国人可不是天生就了解中国的，尤其是普通的美国人，在那个没有互联网的时代主要就靠演讲，大家听了演讲之后才会明白在中国发生的是怎么一回事。我们现在都知道胡适做的是一件非常重要的工作，因为美国人只有在认识、了解中国之后才谈得上援助、支持

实质的东西才会地久天长。

有的人像星空、像宇宙，有的人却只是站在地面上的一个小人而已。

等。但蒋介石就是小气，他就一门心思要钱，所以他对胡适很不满意，最后还用宋子文代替了胡适做驻美大使。这就是蒋介石小气的一个很要命的例子。

蒋介石是一个南方人，南方人对细节通常都很关注，大家一般说南方人比较细心，就是指的这一层。但是过度关注细节的人往往也有缺点，就是做事缺少格局。其实蒋介石对一些世界大形势的判断还是很准确的，但是很可惜，他只喜欢借机用人。

成熟的人都是会奔着大雅去的，不能被小雅迷惑。我觉得明白这一点就是一个成熟的过程。我从年轻时候到现在，慢慢地成长，才明白了这样一个道理。

成熟和想象力有关

成熟是什么？它跟想象力也有关系。人年轻的时候，想象力是被限制的，没有那么大的想象力，有想象力是成熟之后的事情。想象力的限制，这是一个很要命的因素。

打个比方来说，天地之间有个年轻的小人儿，站在地面看天上的星星。“你知道宇宙吗？”有人问他。“我知道啊，就是天上的星星啊。”他的回答可能也就到此为止了。不知道宇宙意味着什么，意味着不知道星座、不知道引力、不知道时空，不知道很多很多的东西，以为宇宙就是天上的星星，就这么简单。这样就少了想象力，这就是想象力的限制。

我年轻的时候，没有什么人给我指点，不像现在这样，别人会给予指点。现在很多人甚至还讨厌指点，因为指点的人太多了，“爹味”十足。如果在我年轻的时候，在我的成长过程当中，有人给我这种指点，我感谢还来不及，绝对不会说什么跌份儿了。人长大了才会知道，这种指点真的是太宝贵了，是一种珍贵的宝物，不是一种让人讨厌的东西，因为没有人指点，你就没有想象力。天上的星星，70多亿人都能看见，人人都有这点儿想象力，要想靠这种想象力取得成功，简直不可思议，是根本不可能的。

所以我觉得，想象力的限制是个大问题，人从没有想象力变成有想象力，就是一种巨大的跨越。这种跨越的跨度之大，就像地面上的人和宇宙之间的跨度一样。有的人像星空、像宇宙，有的人却只是站在地面上的一个小人而已。这种区别实在是太大了，是宏大跟微末之间的区别。

人有广度方能成熟

在我年轻的时代里，思想是没有什么限制的。大家现在听说过去有很多的社会限制，实际上，在思想的成长、成熟层面上，并没有那么多的限制。你自己头脑当中想什么东西，完全是信马由缰的，谁也控制不了，你是可以有想象力的，只要你有大脑。

在我的年代里，也就是20世纪70年代往后，在那个开始逐渐成长的时间周期里面，没有什么范式、经典和学科的限制，没有什么笼头套在人的头上，拉着人必须往哪个特定的方向走。这就带来了一个好处——这种好处是我长大之后才知道的，年轻时候还真的没有意识到这种信马由缰带来的好处，但最起码我现在知道了——“广度，是另外一种深度”。

很多人认为“专精”地做一件事情，有深度地做一件事情，做得非常深才能取得成就。但我认为，人有广度，视野广泛，兴趣也广泛，对什么样的新鲜的事物都充满兴趣，这也是一种非常重要的素质，很多事情都要靠这种“广度的深度”才能完成，靠这种“广度的深度”才能实现。如果没有广度，实际上深度也变成了空谈。你知道深度是干吗用的吗？你知道如何去运用深度的专业知识吗？你未必清

广度，是另外一种深度。

生死观是个大题目，是值得很认真去做的事情。

楚。深度的专业知识是干什么用的，是由广度来决定的。只有拥有广博的知识造诣之后，你才能够知道深度的专业知识是干吗用的，深度的专业知识才能发挥出价值。所以说，广度是深度的基础，决定了深度的价值。

在学习上，要达到广度，实际上比达到深度还要艰苦。没有什么比缩小范围更容易取巧的事情了。一件事情很难，往往是因为事情涉及的范围非常广泛，这才造成了困难。如果能够把范围缩小，越缩越小，你就会发现难度急剧降低，事情就会变得很容易了。

所以，广度是非常重要的，明白这一点对我来说也不是很容易的事情，也是从年轻到成熟的过程中看到的东西多了，视野变得广阔了，才明白广度也是一种深度。

在外界刺激中养成成熟的判断力

在我成长的年代，整个社会都是在批判当中度过的，整天批判这个、批判那个，社会大众也跟着走，不停地互相批判。所以，对于我这一代人来说，至少对于我来说，批判性思维基本上是天生的。这是社会造就的，毕竟我活在一个很刺激的年代里，刺激就是见得多。

我一直认为，生死观是个大题目，是值得很认真去做的事情。

在现在的年代里，没真正见识过死亡的人太多了，在生死观的问题上，没有任何认识的人也太多了，因为中国人很忌讳谈生死的问题，很回避这个问题。"哎呀，活着的人谈什么生死呢。"这是中国人的一种传统的习俗，这种习俗造成的一个问题就是没有建立起正常的、健康的生死观，没仔细想过生死这个事情，想都不敢想。一个人如果进了医院，一检查，医生说你得了癌症，忽然之间你就脸色大变了，趾高气扬地进医院检查身体，出来时面如土色。这其实就是生死观的问题。实际上，人的一生，生命周期是固定的，到了时候，该去世了、该走了，就是该走了。

当然，我也不是说外国人就能解决生死观的问题，我没有这样讲，中外两者在生死问题上的表现形式可能不太一样。

有的人可能听说过PTSD，就是创伤后应激障碍。我们经常能看到新闻报道说某个国家有人拿一把枪噼里啪啦开火，出了很多流血事件，最后一检查说这人有精神疾病。其实这就是PTSD，所谓创伤后应激障碍，受过生和死刺激的人一旦再受刺激就容易发作，乱开枪、乱杀人。这类事情是会出现的。

这种生和死的刺激、生死观的问题，我在年轻时已经解决了。在我成长的年代里，生和死看得太多了。所以对我来说，生死不是问题，看得多了，就必然会想人活一世是干吗的。所以我这种人不会得什么PTSD之类的病，那是没见过死亡、经不住刺激的人才会有的毛病。

人经常受到生与死这种外界的强烈刺激，就必然要去思考，思考就要判断，就容易养成一种判断力。这种判断力，往往是在没什么人管的过程中、没什么人能帮助的情况下，慢慢地养成的。实际上，在我的成长年代里，不会有人管我，即便有人想管，也不知道该怎么管，那是一个风云剧变的年代。

我觉得现在的年轻人受的刺激太少，而非受的刺激太多。现在的年轻人往往没有受过多少强刺激，于是稍微有点刺激就会心理支撑不住。我想这还是刺激太少造成的，刺激多了就会习以为常，慢慢地就能开始思考，大脑就能加速成长了。

可能归结起来，现在的年轻人，吃亏就吃亏在听话上面，吃亏就吃亏在不知道该怎么不听话。从

从听话到知道该怎么不听话，与一个人的判断力的养成有很大关系。

只有见过世面、经过历练，才能真正达到平平淡淡的境界。

听话到知道该怎么不听话，与一个人的判断力的养成有很大关系，在我看来这也是一种成熟。

成熟者，有气象

谈到成熟，还和欲望、气象有关。我觉得现在的年轻人跟我年轻时候相比，只有欲望，没有气象。

什么是气象？一般来说就是表面的东西，就是格调、腔调、性格、风格等。很多人喜欢强势的风格，以为这就是气象。但是，越是见过大世面的人，气象越是平平淡淡，见过世面才能平平淡淡。我的经验是，一个人看上去和和气气、平平淡淡，这人就是见过大世面的。越是咋咋呼呼、在你面前蹦来蹦去的人，越是没有见过世面。身在高位的人，一定都是平平淡淡的人，因为只有见过世面、经过历练，才能真正达到平平淡淡的境界。

比如李嘉诚，他不是一个人高马大的人，不是一个气势外显的人，他非常矮小，如果走在大马路上，是一个非常不起眼的人，一个看起来甚至有点矮小的老头儿。但就是这样的人，当你面对他的时候，你会感觉到一种气势扑面而来。虽然他开口说话平平淡淡、和和气气，但你依然可以感觉到这种气势。

这种气势跟重量有关系，他把知觉性的、细部的、人们经常在意的那些腔调的、格调的、外表的、外观的东西全部省略掉，留下来的就是直来直去的重量。这种气势可以直接刺穿你，让你感觉自己就像一层薄薄的窗户纸一样，一透而过。这种气势是真正的力量，跟所有外在的、外观的东西都没有关系，是一种精神层面的、内在的气势，有这种气势的人是真正强大的人。

现在很多年轻人可能只有欲望，要的很多东西都是表面的东西，甚至是装腔作势的东西。要这要那，要了很多东西，要这些东西干吗？这些满足欲望的东西能起什么作用？仔细一想，都是表面的东西。成熟的人不一样，他有一番不一样的气象，让你能够感觉得到。这也是从年轻到成熟的一个过程。

我年轻时候也一样，比如说背的背包，那个时候流行军包，别人有，我也要有。为什么？就是满足自己的一个欲望。塑料底的布鞋，在我那个年代是非常时髦的东西，所以我也要有一双，缠着家长一定要买一双。现在的年轻人可能改成追捧各种各样的品牌鞋或者收藏鞋，道理都是一样的，都是过于看重外观、外表，实际上这就是不成熟的表现。

在学习方面也是同样的，人年轻的时候，学习容易死记硬背。我从小到大吃亏比较大的一点就是因为死记硬背，无论是家长还是老师、学校，整个教育氛围灌输的就是死记硬背。死记硬背跟融会贯通之间有很大的差距，更麻烦的是，当你习惯了死记硬背之后，再想融会贯通就很难了，你都学不会了，你再也学不会了，因为大脑已经被"格式化"成只会死记硬背，再也不会融会贯通了，这就太糟糕了。

所以我觉得，现在很多教育方式、知识的传递方式是害人的，害人不浅，更可怕的是，现在还有很多家长沿用这些套路，灌输孩子错误的学习方式，强制孩子学习。"怎么这么笨，你连这个都记不住！"在这样的状态之下，人就死板了，这种教育方式可怕的程度，怎么比方都不为过。

可以这么说，很多年轻的、有活力的孩子，本来应该有一个精彩的人生，结果被提前扼杀了。这方面"贡献"最大的，依我看还不是教育体系，更多的是家长。家长的水平就这么差、就这么低，而且是24小时对孩子施加压力，正是家长施加的压力才扼杀了孩子的精彩人生。孩子长大之后，所知道的也就是一些表面的东西，追求的也就是一点欲望的满足而已，再也谈不上气象。这是很常见的问题，我觉得

要找到自己的位置，用一种平等的态度去讨论事情、看待事情。

一定要像防贼一样防自己，要时刻提醒自己，别让自己把自己给毁了。

这是社会的悲哀。

回想起来，我的成长在某种程度上可以说是幸运的，是不幸中的幸运。社会有太多的风浪，太多人的命运被改变，但我在其中得到了一些思想上、精神上的收获，加速了成长，变得更加成熟。

以平等的态度面对外界

成熟还是一种从景仰他人到能够与他人平等讨论的过程。

我年轻的时候，对西方的经典是非常景仰的。准确地说，我小的时候，景仰的事情特别多——连一个比我大几岁的孩子，我内心都很景仰；上小学时，对高中生活就景仰得不得了。这种景仰是显而易见的，更别提在知识方面了。对于西方经典，我在年轻、成长的时候，是采取一种从下往上看的姿态，绝对是一种景仰的态度。可能现在很多年轻人也一样，讲话要引经据典，也要讲哪个哲学家、哪个大师是怎么说的："你说得不对，谁谁谁很早以前就说过什么什么了。"我现在偶尔也会这么说，但是说得很少。

这就是一种景仰的态度，这种景仰的态度是一种不成熟的表现。只有在小的时候、在年轻的时候、在少不更事的时候，才会用这种景仰的态度看待世上的万物、看待知识、看待所有的一切。人长大了，变得成熟了，就不应该采用这样的方式看待世界，而是要找到自己的位置，用一种平等的态度去讨论事情、看待事情。学会了这一点，人就变得成熟了。

我在这里是白描自己，每个人都可以看一看自己，审视一下自己究竟是以一种景仰的态度从下向上看人看事，还是以一种平等的态度去讨论、去反复思量。这是衡量是否成熟的一个标准。

像防贼一样防自己

你可以在精神上持续成长，没有谁能够阻止你，除了你自己。

总的来说，我觉得成熟是一种很主观的东西。一个人的一生是不太容易的，一定要像防贼一样防自己，要时刻提醒自己，别让自己把自己给毁了。

为什么说一定要像防贼一样防自己？就是要提醒大家，一定要保持自己的成熟进程，让自己始终处在这个进程当中，去不断地走向成熟，同时还要防止自己走过了，过犹不及。

你可以在精神上持续成长，没有谁能够阻止你，除了你自己。所以，要像防贼一样防自己，这样，你就可以不断进步，不断地走向成熟、再成熟。

摘录自陈功2021年在安邦智库的内部讲话

《我们是一群什么样的人》

编辑：王夏苇

你要去做大事，你要心怀梦想。纵身跃入江湖，忽然不知何往。

插画摘自 @ 老树画画

书单 BOOK

汪建国 书单

五星控股集团董事长

“社会的变化越来越快，面对变化唯一的方法就是学习，在书中不仅可以学到知识，更宝贵的是改变了我们的思维方式。这些年，我一直保持着深度阅读的习惯，这份书单也是我精选的常看常新的佳作，希望对你也有启发。”

《人类群星闪耀时》
[奥]斯蒂芬·茨威格 著

本书共收录14个决定世界历史的瞬间：千年帝国拜占庭的陷落、巴尔沃亚眺望水天一色的太平洋、亨德尔奇迹的精神复活、老年歌德热恋的悲歌、滑铁卢的一分钟等。而这些历史瞬间神奇地降临到14位传主的身上，当强烈的个人意志与历史宿命碰撞之际，火花闪烁，那样的时刻从此照耀着人类文明的天空。

《终身成长》
[美] 卡罗尔·德韦克 著

我们获得的成功并不仅仅是能力和天赋决定的，更受到我们在追求目标的过程中展现的思维模式的影响。作者介绍了两种思维模式：固定型与成长型，它们体现了应对成功与失败、成绩与挑战时的两种基本心态。你认为才智和努力哪个重要，能力能否通过努力改变，决定了你是会满足于既有成果还是会积极探索新知。只有用正确的思维模式看待问题，才能更好地达成人生和职业目标。

《秘密》
[澳]朗达·拜恩 著

作者采访了美国55位顶尖人才，这些人包括作家、设计师、投资人、科学家等。无论受访者的身份有何不同，他们都认为，自己成功的秘密在于掌握了吸引力法则。影片《秘密》在全球放映后，立刻引起巨大反响，激励和改变了无数人。无论你信不信，这个法则实际上改变了很多人的人生。

《早起魔法》
[美] 杰夫·桑德斯 著

每天坚持五点多起床的你会是什么样子？这是我一直在坚持的事情：每天早上看书1小时，运动45分钟，安排工作计划15分钟。早起给我带来了充沛的精力、更高的效率、稳定的情绪。这也是我推荐给五星全体员工的一本书，一直能坚持下来的好习惯，一定会为自己带来不一样的收获。

《经营者养成笔记》
[日] 柳井正 著

每一次危险都是机会，优秀的企业总能够穿越周期，实现组织、产业的整合进化。而如何转危为机，最重要的就是发现并帮助客户解决问题。谁能够突破常识，创造人们的新的习惯，谁就能够在市场上拥有绝对的优势。在环境剧变的当下，这本书依然有着重要的借鉴意义。

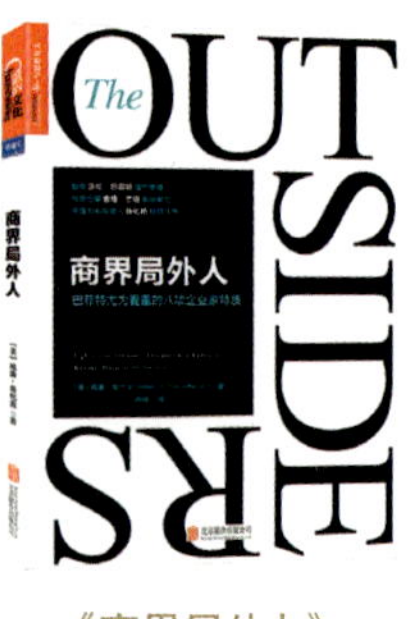

《商界局外人》
[美]威廉·桑代克 著

伟大的CEO有什么相同之处？用数据证明可能是关键的标准。约翰·马龙20多年创造900倍收益、迪克·史密斯34年创造684倍收益、汤姆·墨菲29年创造200多倍收益……尽管背景、行业、方法不同，但在对商业本质的把握上，他们出奇一致。既保守又十足颠覆，既谨慎又疯狂，他们就是商界“局外人”。永远用“局外”视角发现新机会，以理性为盔甲，屏蔽行业的浮躁。

编者注：汪建国先生还推荐了以下4本书：《人类简史》《有限与无限的游戏》《刷新》《在萧条中飞跃的大智慧》。往期《决策之道》已作推荐，不再详述。

“如何面对今天这样复杂多变、高度不确定的时代？一方面当然是试图理解驱动变革的根本原因和未来发展的大趋势，而另一方面则是试图理解什么是不变的。”

毫无疑问，科技创新在不断驱动变革，如何塑造现代性的思维？如何让组织与时俱进？又是什么亘古不变，每走一步都不能忘记？本期编辑部书单的书目，也许隐藏着答案。

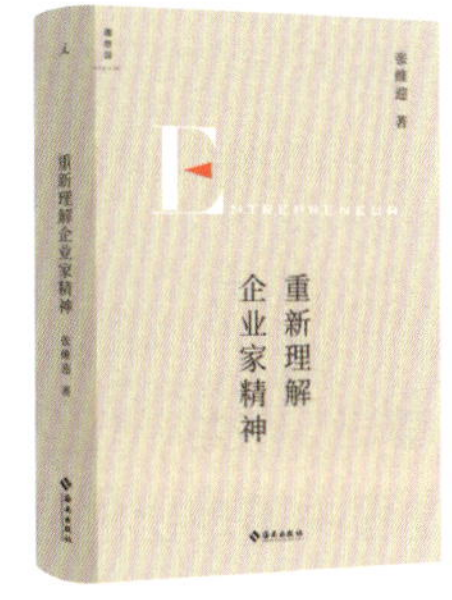

《重新理解企业家精神》
张维迎 著

老友维迎，毕生为中国市场经济奔走呼号。新冠肺炎疫情下，他回顾自己几十年的生命历程，梳理思路，将以往几年有关企业家精神的作品整理、编辑成《重新理解企业家精神》一书。维迎在这本书里讲述了许多“企业家”的故事，与我所知的“天才”故事相类。例如，企业家有强烈的创造性冲动，维迎多次强调，这种冲动常常与利润无关，据我观察，企业家不再从事创新又不能找到与自己生命强烈互补的生活方向，就会衰老。我读维迎这本书的感受之一是，有些企业家之所以持续从事各种创新活动，也许是要防止衰老。

——推荐人：汪丁丁 北京大学国家发展研究院经济学教授

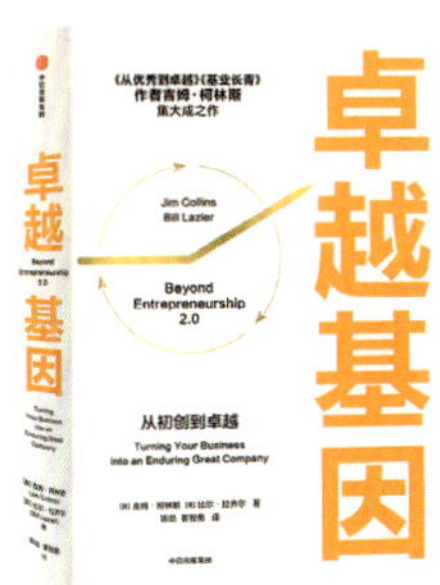

《卓越基因》
[美] 吉姆·柯林斯
[美]比尔·拉齐尔 著

吉姆·柯林斯的系列作品我都认真拜读过。作为一位管理学大师，他的管理思想深刻影响着全世界的创业者、管理者、企业家。如何面对今天这样复杂多变、高度不确定的时代？一方面当然是试图理解驱动变革的根本原因和未来发展的大趋势，而另一方面则是试图理解什么是不变的。这是愿景和定力的结合。即使是最好的研究，往往也只是确认常识的正确和重要。然而，所谓常识，正是大多数人都知道却极少有人能做到的东西。所以，在这样复杂多变的环境下，最确定的其实就是回归常识。而这本书就是一个很好的提醒。

——推荐人：曾鸣 阿里巴巴前总参谋长

《知识机器》
[美] 迈克尔·斯特雷文斯 著

300年前，“科学的化身”牛顿和哲学家培根，及其同时代一批伟大的科学思想家，为“科学”确立了一种独一无二的价值观：摒弃所有的世界观，包括宗教的、哲学的、美学的。它只信赖基于数据的、实验的“经验性研究”，《知识机器》一书将这种科学价值观与方法论称为“解释的铁律”。正是这套“剁肉刀”似的粗暴铁律在科学研究领域所强扭的非理性共识和普遍遵循，推动了近现代科学革命的崛起。《知识机器》是一本与托马斯·库恩的《科学革命的结构》相媲美的科学哲学巨著，对于塑造我们的思维能力和观念的现代性会带来很多启迪和帮助。

——推荐人：田涛 华为高级管理顾问

《刷新》
[美] 萨提亚·纳德拉 著

阅读萨提亚的这本书给人以很大启发。首先，作为一位全球顶尖科技企业的领导者，他在企业“刷新”过程中展现出的领导力，他用同理心和成长型思维模式思考并解决问题，给我们的企业管理者很多启示。其次，萨提亚从印度到美国学习、工作，并从工程技术人员成长为全球顶尖跨国公司首席执行官的个人经历，给我们呈现出一个人生励志的榜样。最后，他强调自己并非只是技术专家和管理专家，还是一个人文主义者（humanist），从这个角度，这本书为我们审视卓越管理者的人生观和世界观提供了新的洞见。我热情地向中国读者推荐这本叙述平实、富有哲理、着力现实、心怀未来的书。

——推荐人：钱颖一 清华大学经济管理学院院长

《共情》
[美] 鲍勃·查普曼
[美]拉金德拉·西索迪亚 著

“利润很重要，但人更重要。鲍勃·查普曼和拉金德拉·西索迪亚用真实世界的例子来说明，在今天的董事会中经常缺席的人性，实际上是一条通向持续增长的直接路径。世界各地的商界领袖都应该牢记这一要旨。”

——推荐人：罗恩·沙伊奇 美国连锁餐厅帕尼罗面包创始人、董事长

岛语

ZHISLAND TIME

"十日谈":正和岛上的"思想论剑"

作者:陈为 正和岛副总裁、总编辑

01

1348年,一场大瘟疫席卷佛罗伦萨。10位青年男女来到一座幽静美丽的乡村别墅中躲避疫情,欢宴度日,每人每天讲述一个故事。在这些故事里,曾经高高在上的天主教会成了嘲笑的对象,罪恶与黑暗被充分暴露出来;人欲成为讴歌的对象,爱情、才华与自由冲破禁区,在这里肆无忌惮。

这是小说《十日谈》描绘的场景。薄伽丘的这部巨作高扬人的价值,成为文艺复兴的响亮序曲,开启了现代化的伟大征程。

02

经济的发展离不开自由的思想与创造,更离不开对未来的预期与希望。这其中,企业家的信心尤为关键,信心引领行动,看法决定干法。疫情之下,人心浮动,我们希望给企业家带来一些信心、一些新的视角和理念。

为此,我们在2022年6月初倾力打造了企业家和专家对话的直播栏目"十日谈:看法与办法"。6月1日恰逢正和岛开岛十周年,我们选定6月6日正式开播,以"十日谈"献礼"十周年"。经过短短十几天的筹备,最终完成了12场高级别、高价值直播。

有此成绩,首先得感谢参与直播的25位嘉宾的襄助、玉成。他们爽快应约的直接动因,也是想给困境中的人鼓鼓劲儿、打打气儿。"十日谈"里超过半数内容都是谈如何过坎,如何应对难关。"曾国藩如何过难关"是其中传播数据最高的一场,后期的文字版对话录的阅读量也早早过了10万。张宏杰和宫玉振两位老师研究精深、情怀深厚,有直播观众反馈称,聊出了心流的感觉。

参与这次直播的企业家都是商界"老司机"、行业领军者:全球顶级投资家罗杰斯,曾一人带领两家央企进入世界500强的中国上市公司协会会长宋志平,半年内斩获两次IPO的五星控股集团创始人汪建国,年营收超过750亿元的红豆集团创始人周海江,厨电行业冠军、方太集团创始人茅忠群,中国"水饺大王"、喜家德水饺创始人高德福等。他们分享了应对危机的经验,给企业家、管理者们提出了中肯建议。

狮子有力量,老鹰有眼光。哈佛大学商学院教授小巴达拉克、清华大学全球产业研究院首席专家何志毅、人文财经观察者秦朔、经济学家管清友、品牌战略专家谢伟山、组织创新专家张丽俊、财富管理专家徐莹、知名文化学者金惟纯等商业专家、企业教练则从更长远的维度、更广阔的视野,提出自己的思考,给企业家、管理者们带来提醒和忠告。

此外,还有经济学家向松祚和李晓纵论美元体系,"硬科技"理念提出者米磊和"卡脖子"问题提出者刘亚东研判"卡脖子"技术难题,科幻作家郝景芳和商业顾问周掌柜畅想"元宇宙大爆炸",华与华董事长华杉和北大历史学教授赵冬梅对谈《资治通鉴》,主题既有深度,也有广度,可谓好戏连台。

这些内容,正和岛视频号都有回放,文字整理可见正和岛公众号底栏"专栏"之"十日谈"。

*按嘉宾直播场次顺序排序

03

正和岛的内容团队里，核心操作“十日谈”项目的人数不多，却有四两拨千斤之效。他们的勤劳与才华让“十日谈”栏目达到了4种效果：

一、企业家有所得

康恩贝集团有限公司董事长胡季强、远东控股创始人蒋锡培、红豆集团创始人周海江、哈尔滨中央红集团股份有限公司董事长栾芳等知名企业家为节目点赞，说有启发，有收获。

二、嘉宾有兴趣

金风玉露一相逢，便胜却人间无数。不少参与嘉宾聊完仍觉“意犹未尽”，相见恨晚，认可对话“很愉快”“很精彩”。

三、客户有持续

参与商业合作的几家客户对内容品质和交付体验都挺满意。有的直播结束当晚就约好了第二季“十日谈”继续合作。

四、团队有锻炼

最好的管理就是打胜仗。经此一役，我们的团队在类似活动方面已建立起一定的信心与经验。

04

读者朋友们，当你读到此文时，正和岛“十日谈”第二季之“十日谈：想法和活法”已在8月下旬完成直播。这一次，我们继续汇集了内外部的优质资源，将正和岛“十日谈”打造成一个开放共建的直播平台和品牌。

再喧嚣混沌的世界，都会有清醒透彻的认知；再困顿茫然的境遇，都会有豁然开朗的方法；在一起，朝前看，总会有新看法，好办法。